Ik hou van uw man

Clara Voigt

Ik hou van uw man

Spectrum

Uitgeverij het Spectrum
Postbus 97
3990 DB Houten

Eerste druk 2008
Omslagontwerp: Klaas Koch
Omslagfoto: Renato Bertolino
Achtergrondinformatie: Beatrijs Bonarius
Zetwerk: Elgraphic+DTQP bv, Schiedam
Druk: Ter Roye, België

ISBN 978 90 274 9197 8
NUR 770
www.spectrum.nl

Veel groter veel zelfbewuster
en oneindig veel argelozer
dan ik slaap je in
met mij tegen je aangeklemd
alsof ik iets kostbaars was
dat je niet graag zou willen verliezen
In de donkere wieg
van je warmte luisterend
naar je hartslag je rustige
ademhaling durf ik het
even te geloven.

Hanny Michaelis

Inhoud

Voorwoord

Ontrouw heeft een grote rol gespeeld in mijn leven. Lange tijd was ik getrouwd met een man die vreemdging. Na de scheiding ontmoette ik een man die getrouwd bleek te zijn. De aantrekkingskracht was zo groot dat we een geheime relatie zijn begonnen, ondanks mijn principiële bezwaren. Stapelverliefd was ik, maar ook eenzaam. Ik was in een situatie terechtgekomen die ik niet wilde. Het heeft me moeite gekost, maar het is me uiteindelijk gelukt om de relatie te beëindigen.

In die periode ontdekte ik dat een buitenechtelijke relatie veel vaker voorkomt dan ik dacht. Voor buitenstaanders is het vaak een raadselachtige aangelegenheid. Er wordt nogal besmuikt over gedaan. Sterker nog, over minnaressen wordt vaak hard geoordeeld. Langzaam ontstond bij mij het idee voor een boek over dit thema. Immers, een dergelijke relatie is een bron voor schrijvers en cineasten, maar waargebeurde verhalen hoor je zelden.

Na een langdurige zoektocht vond ik veertien vrouwen die een intense liefdesrelatie hebben (gehad) met een getrouwde man. Ze vertelden me over hun liefdesgeschiedenissen. Hun openhartigheid ontroerde me. Ik bewonderde hun moed om zich kwetsbaar op te stellen en hun verhalen prijs te geven aan de buitenwereld. Voor de meesten van hen bleek het een opluchting te zijn hun verhaal kwijt te kunnen aan iemand die er met aandacht en zonder vooroordelen naar luisterde. In de portretten die ik op basis van de gesprekken schreef, heb ik geprobeerd een genuanceerd beeld te geven. Juist omdat er zo veel vooroordelen over minnaressen bestaan.

Tijdens de gesprekken heb ik mijn oordeel over 'goed' en 'fout' losgelaten. Ik kreeg interessante verhalen te horen over alle aspecten van De Liefde. Over de magie van de seksuele aantrekkingskracht, over passie, over pijn en verdriet. Over bindingsangst en loslaten uit liefde, over geld en macht. Oók over hoop en verwachtingen. Net als bij gewone relaties spelen irrationele gevoelens en verwachtingen een grote rol.
De vrouwen konden kritisch naar zichzelf en hun ingewikkelde bestaan kijken. Intelligente vrouwen waren het, die beschikten over zelfkennis en levenswijsheid. Ze waren eerlijk over hun inschattingsfouten en over hun illusies. Ik heb geboeid geluisterd naar hun ervaringen en de gebeurtenissen die op hun pad kwamen. Ik heb me verbaasd over de kracht van de liefde, maar ook over de grilligheid en de vergankelijkheid ervan. Door alle verhalen speelt een zekere tragiek.
En ik herkende veel. Net als een van de minnaressen had ik altijd het idee dat mij zoiets niet zou overkomen. Ook herkende ik het moeizame afscheid nemen waarvan vaak sprake is: want dat valt niet mee wanneer de liefde voor de man in kwestie nog niet over is. Alle illusies die allereerst erként moeten worden om ze vervolgens te kunnen loslaten. Het besef dat het gezonde verstand gebruikt moet gaan worden, terwijl het achter sterke gevoelens aan blijft hinken.

Tijdens mijn ontdekkingsreis op het gebied van de uitzichtloze liefde hoopte ik wijzer te worden. Want ik liep rond met vragen: Wat is liefde? Waarom komt iemand in een dergelijke moeizame relatie terecht? Heeft het te maken met de jeugd, de relatie met de vader, met bindingsangst, of is het gewoon domme pech, Het Lot?

Bovendien ontstond bij mij een andere vraag: waarom beginnen mannen aan een dergelijke ingewikkelde relatie? Is het de behoefte aan spanning? Is het een oerdrift van de man en zijn mannen van nature 'gewoon' niet monogaam? Komen ze thuis veel tekort en zoeken ze aandacht en intimiteit bij iemand anders? Waarom overwegen ze in dat geval dan niet om te gaan scheiden?

Een eenduidig antwoord heb ik niet gekregen. In een liefdesrelatie herleven onbewuste motieven en drijfveren. Het gezin waar je uit komt vormt de blauwdruk voor je verdere leven. Wanneer ik het van belang achtte ben ik daarom uitgebreid ingegaan op de jeugd van de minnares, soms ook van de man in kwestie. Sommige vrouwen hebben een zeer problematische achtergrond hetgeen van invloed is op hun 'keuzes' wat de liefde betreft.

Weinig mannen komen in een dergelijke ongelijkwaardige relatie terecht. Mogelijk heeft het te maken met het feit dat vrouwen zich makkelijker aan kunnen passen, ook aan een ondergeschikte situatie. Hun kracht blijkt tegelijkertijd hun zwakte te zijn.

De meeste geïnterviewde vrouwen waren tussen de dertig en de veertig toen ze hun getrouwde geliefde tegenkwamen en hadden vaak teleurstellende ervaringen achter de rug. Een huwelijk of één of meerdere relaties. Mogelijk was dat ook een reden om water bij de wijn te doen.

Hoewel er geen eenduidig antwoord valt te geven op de vraag waarom buitenechtelijke relaties ontstaan, kunnen we aan de ervaringen van de vrouwen die in dit boek zijn geportretteerd wel inzichten ontlenen. Ter uitbreiding van dat inzicht verzamelde journaliste Beatrijs Bonarius uitgebreide informatie uit diverse publicaties en onderzoeken die zijn gedaan naar deze vorm van liefde. Bij ieder hoofdstuk schreef zij nuttige achtergrondinformatie, al dan niet direct gerelateerd aan de beschreven ervaringen, in de hoop inzicht te bieden in biologische, culturele, sociologische en andere aspecten rond buitenechtelijke relaties. Met dank aan prof. dr. Alfons Vansteenwegen en dr. Pieternel Dijkstra.

Ik wil de openhartige vrouwen hartelijk danken voor het vertrouwen dat ze in me hadden. Daarnaast gaat mijn erkentelijkheid uit naar iedereen die mij heeft gesteund, gestimuleerd en geholpen bij de totstandkoming van het boek. Speciale dank voor Sluwe Vos die mij, vaak op onmogelijke tijden, met raad en daad heeft bijgestaan.

Clara Voigt
juli 2008

NB. Namen en situaties van de geportretteerden zijn veranderd om herkenbaarheid te voorkomen.

Ik hou van uw man

Emma en Emile

'Al spoedig zei mijnheer Huyer: "Ik wil eigenlijk niet dat je op kantoor blijft zitten. Ik wil graag dat je met mij meegaat op zakenbezoek en dat je notities maakt van wat er besproken wordt…" Ik was stomverbaasd want ik werkte nog maar kort bij hem.

Nou, dat leek me wel wat. Reizen in een grote auto, samen met mijnheer Huyer. Ik was nog nooit de grens over geweest dus er ging een wereld voor me open.

Ik werd mee uit genomen. We gingen lunchen in restaurants, overal in het land. We gingen naar België, naar Duitsland. Ik werd zijn visitekaartje. Iedereen wist: die Huyer heeft een mooie secretaresse. Dat heb ik later pas begrepen. In die tijd wist ik van niets.

Ik herinner me mijn ontmoeting met hem nog haarscherp, ook al is het lang geleden. Ik was zeventien en het was in de jaren zestig. Mijn vriendin en ik werkten op hetzelfde kantoor als secretaresse. Ze was verdrietig want haar vriendje had het net uitgemaakt. Om bij te kunnen praten, gingen we na het werk naar het café-restaurant in de buurt. We namen koffie, geld voor een duurder drankje hadden we niet. Tot onze verrassing kwam de ober naar ons toe met de vraag of we iets wilden drinken. Het bleek een aanbod van een oudere heer te zijn die iets verderop zat.

We namen een martini en genoten, want zelf konden we zoiets niet betalen. Ik verdiende weliswaar, maar moest een groot deel van het geld dat ik verdiende aan mijn moeder geven, als kostgeld. Toen onze martini op was, zijn we naar deze heer toegegaan en hebben hem hartelijk bedankt. Hij nodigde ons uit om mee te gaan eten in een restaurant. Nou dat was wat… een restaurant. Ik had nog nooit in een restaurant gegeten en mijn vriendin ook niet. Zij vergat meteen haar liefdesverdriet.

We woonden nog thuis dus mijn moeder rekende op me met eten, we hadden nog geen telefoon. Dit betekende dat ik eerst naar huis moest om het te vertellen.

Maar toen ik thuiskwam, zei mijn vader: "Daar komt niets van in. Geen denken aan. Een oudere man en twee jonge meiden? Je komt de deur niet uit." Dus ik bleef thuis, zo ging dat in die tijd. Mijn vriendin is toen alleen gegaan. De volgende dag kreeg ik in geuren en kleuren te horen hoe lekker ze gegeten had, een uitgebreide Indische rijsttafel met alles erop en eraan. Ik was jaloers.

Een half jaar later gingen mijn vriendin en ik weer een kopje koffie drinken op het terras van hetzelfde café-restaurant. Er kwam een enorme slee voor rijden en wie stapte er uit? Dezelfde oudere heer. Mijn vriendin herkende hem onmiddellijk en sprak hem aan. Hij kwam bij ons zitten en we kregen weer een drankje aangeboden. We maakten een praatje en de oudere heer vertelde dat hij en zijn compagnon allebei een secretaresse nodig hadden. Of het niets voor ons was.

We hadden weliswaar een leuke baan, maar toch besloten we op de uitnodiging in te gaan. Op een zaterdagochtend solliciteerden we, mijn vriendin bij de compagnon en ik bij mijnheer Huyer. Hij had een onderneming en verkocht werktuigbouwmachines. Mijn vriendin werd niet aangenomen, ik wel.

Ik had het er erg naar mijn zin. Ik had leuke collega's en bovendien kreeg ik meer salaris. Kort nadat ik op kantoor begonnen was als secretaresse ging ik mee op zakenbezoek.

Mijn ouders hadden een vreselijk huwelijk. Mijn moeder wilde scheiden, maar had geen geld om de scheiding te betalen. Mijn vader stopte het geld dat hij verdiende in zijn eigen zak en mijn moeder moest werken om ons, de kinderen, een beetje fatsoenlijk te kunnen kleden. Zij kreeg klappen en ik ook. Ik sliep in die tijd slecht, was onrustig en luisterde of mijn vader mijn moeder iets aandeed.

Op een gegeven moment maakte ik op mijn werk een stomme fout. Mijn zenuwen waren zo gespannen dat ik in snikken uitbarstte. Uiteindelijk heb ik mijnheer Huyer verteld wat er thuis aan de hand was. Hij heeft voor een advocaat gezorgd en heeft de scheiding betaald.

Ik merkte dat mijnheer Huyer mij steeds aardiger begon te vinden. Ik kreeg een mooi gouden hangertje van hem, een schorpioentje. Hij dacht waarschijnlijk dat ik zelf wel een kettinkje had, maar dat was niet zo. Ik had helemaal niets. Wel koesterde ik het schorpioentje in het doosje. Op een gegeven moment vroeg hij waarom ik dat hangertje nooit droeg. Ik vertelde hem dat ik geen ketting had, maar dat ik het hangertje zó mooi vond dat ik het iedere dag uit het doosje haalde en er naar keek. De volgende dag kreeg ik een mooi gouden kettinkje.

Als mijnheer Huyer me na een reis terugbracht, nodigde mijn moeder hem uit voor een kopje koffie. Ze waarschuwde me. "Emma," zei ze, "ik denk dat die mijnheer je erg lief en aardig vindt. Hij is meer dan dertig jaar ouder en hij is getrouwd, dat weet je. Ik zou maar oppassen als ik jou was." Ik had er nooit over nagedacht. Ik vond hem een lieve aardige man, de gedachte aan seks was niet in mij opgekomen.

Toen ik nog niet zo lang bij mijnheer Huyer werkte, werd ik ernstig ziek. De dokter dacht dat het de A-griep was, een kwaadaardige griep die in de jaren zestig de wereld beheerste. Mijnheer Huyer kwam onmiddellijk en vertrouwde het niet. Op zijn aandringen kwam de dokter nog een keer. Het bleek geen A-griep te zijn, maar een dubbele longontsteking. Ik moest negen weken binnen blijven.

De volgende dag werd er een nieuw bed, een nieuw nachtkastje en een nieuw tafeltje afgeleverd. Allemaal afkomstig van mijnheer Huyer. Mijn moeder was perplex en ik was helemaal gelukkig, want in mijn kamertje stond alleen maar een heel oud, versleten bed.

Toen ik beter was en weer begon te werken, merkte ik dat meneer Huyer meer wilde. Hij begon me te zoenen. Ik had een enorme aversie tegen seks. De reden was mijn vader. Hij was nudist en liep altijd naakt door het huis. Ik vond het vreselijk, ik haatte het. Een blote man en seks, ik vond het vies, niets voor mij. Tegen die tijd begon ik mijnheer Huyer bij zijn voornaam te noemen: Emile. "Vind je me dan niet lief?" vroeg hij. "Nee, dat is het niet, ik hou wel van je. Een kusje prima, maar meer ook niet." Emile drong niet verder aan: "Als jij verder wilt, dan hoor ik het wel."

Ik was inmiddels achttien geworden en ging een week op vakantie naar Duitsland. Ik logeerde bij kennissen van mijn zus. Emile bracht me er naartoe en zou me ook weer ophalen. Aan het eind van deze week kreeg ik een telegram met het verzoek om naar het Parkhotel in Düsseldorf te komen. Daar zou Emile op me wachten. Ik was in de veronderstelling dat we samen terug zouden rijden. Maar Emile bleek een kamer in het hotel gereserveerd te hebben. "We gaan stappen, uit eten, leuke dingen doen en we blijven overnachten." De kamer bleek een tweepersoonskamer te zijn. Hij stelde me gerust: "Niks aan de hand, als jij niet wilt, gebeurt er ook niks."

Toen ik de kamer bekeek, wist ik niet wat ik zag, die luxe, een badkamer met een ligbad... Eerst ging ik uitgebreid in bad liggen en genoot. Daarna maakte ik me mooi. We gingen samen de stad in, kochten leuke dingen en aten in een exclusief restaurant. Ik had het gevoel of ik in een sprookje terecht was gekomen.

We kwamen 's avonds pas laat thuis. Emile begon toch een beetje aan te dringen en ik realiseerde me dat hij meer dan een jaar had gewacht. Ik ben gezwicht. Het ging vanzelf. Hij was lief, teder en warm, dat kende ik niet. Ik was er bang voor geweest, heel bang. Maar ik vond het fijn.

Vanaf dat moment hadden we een relatie. Hij was getrouwd, had een kinderloos huwelijk. Zijn vrouw had er geen probleem mee, vertelde hij, want ze was lesbisch. Ze hadden al jaren geen seksleven meer en hij had al diverse vriendinnen gehad. Na de oorlog hadden hij en zijn vrouw keihard gewerkt om hun bedrijf op poten te zetten en dat was gelukt. Hij was haar veel verschuldigd en wilde niet van haar scheiden. Ik kon het alleen maar waarderen.

Achteraf heb ik begrepen dat zijn vrouw erg eenzaam was. Ze was intelligent en zeer gesoigneerd. Ze was wat ouder dan Emile maar zag er jong uit. Ze had weinig vrienden, was aan de drank en maakte met iedereen ruzie. Ze woonden samen in een prachtige villa in Bussum. Emile vertelde zijn vrouw niets over zijn relatie met mij. Eigenlijk had hij medelijden met haar. En ik ook.

Emile zelf was weliswaar meer dan dertig jaar ouder dan ik, maar was jong van lichaam en geest. Hij was over de vijftig en zag er altijd heel verzorgd uit. De meeste mensen schatten hem twintig jaar jonger dan hij in werkelijkheid was. Ik heb het enorme leeftijdsverschil nooit een enkel probleem gevonden.

Mijn moeder, die dezelfde leeftijd had als Emile, vond mijn verhouding met hem geen probleem. Ze konden het goed vinden samen. Door deze relatie kreeg zij ook een prettiger leven want we namen haar regelmatig mee. Bovendien zag ze dat ik opfleurde. De buren keken ervan op en waren nieuwsgierig wanneer Emile met zijn mooie auto aan kwam rijden, ook dat deed mijn moeder goed.

We zagen elkaar iedere werkdag, in het weekend ging hij naar zijn vrouw in Bussum. In die tijd ervaarde ik dat niet als een probleem. De vrijages waren onhandig want we hadden geen plek. Vaak gebeurde het in de auto en soms als mijn moeder vroeg naar bed ging, bij mij thuis.

Na een aantal jaren, toen ik ongeveer drieëntwintig jaar was, stelde Emile voor om een huis te gaan zoeken. Een eigen huis.

Het werd een prachtige, nieuwe luxueuze vierkamerflat in de Bijlmer. Emile betaalde alles. Immers, ik had geen geld, had nooit iets kunnen sparen, omdat ik zo veel geld moest afstaan aan mijn moeder. Samen richtten we het huis in, behalve het bed, dat deed Emile. Een rond bed. Nog nooit had ik zo iets moois gezien.

Bovendien kreeg ik een auto van hem. Dat was ook nodig want we waren een van de eerste bewoners van de Bijlmer en er was nog nauwelijks openbaar vervoer. Ik kreeg een Volkswagen, een Kever. Na verloop van tijd werden de auto's steeds mooier...

Vanaf die tijd was ik niet meer bij Emile in dienst. Emile betaalde alles wat ik nodig had. Meestal was hij bij mij, ook in de weekends. En ik ging mee op zakenreis. Vaak gingen we naar Duitsland. Tijdens onze lange ritten op de autobahn gaf Emile mij les in de Duitse taal. We oefenden woorden en grammatica: *der, des, dem, den*; en onregelmatige werkwoorden: *ich bin, du bist, er ist*. Na een tijd sprak ik redelijk goed Duits.

Op een dag dat Emile er was, kwam zijn vrouw aan de deur. Ze was kennelijk op de hoogte gebracht van onze relatie. Ik liet haar netjes binnen, en daar zaten we met z'n drieën. Ze was heel vijandig, vroeg hoe lang dit nog door zou gaan.

"Als het aan mij ligt voor altijd, want ik hou veel van uw man, ik zou hem voor geen miljoen meer willen missen." Ze probeerde me te kleineren en liet duidelijk merken dat zij zijn vrouw was. "Denk je nou echt dat je hem kunt houden? Hij heeft al zo veel vrouwen gehad. Van jou heeft hij na twee jaar ook weer genoeg." Emile zat er stilletjes bij, zei bijna niets.

Toen ik rond de vijfentwintig was, begon ik naar kinderen te verlangen. Emile overwoog in die tijd een scheiding. Maar als hij er thuis over begon, werden het drama's. Dan vond hij het uiteindelijk toch weer zielig voor zijn vrouw en liet hij het zo. Ik had ook met haar te doen en drong niet aan.
Emile wilde ook graag kinderen. Toen ik maar niet zwanger werd heb ik me laten onderzoeken. Mijn rechtereierstok bleek niet te functioneren en mijn linker maar half. Emile bleek ook niet erg vruchtbaar te zijn.
Dat was een enorme klap, want voor ons samen zou het moeilijk worden om kinderen te krijgen. Hormooninjecties konden helpen, maar dan zou ik me voor moeten bereiden op een twee-, drie- of vierling. Dat wilde ik niet, ik heb niet voor die behandeling gekozen.
Er zijn geen kinderen gekomen en ik heb het er erg moeilijk mee gehad. Jarenlang. En het verdriet keerde steeds weer terug. Ik heb ook vaak getwijfeld... Zal ik dan toch maar...? Ik heb het niet gedaan. Emile stond achter mijn besluit.

Omdat Emile er niet van hield om op vakantie te gaan, ging ik samen met mijn moeder twee weken naar Spanje. Na deze vakantie kwam ik er bij toeval achter dat Emile vreemd was gegaan met mijn buurvrouw die een goede vriendin was geworden. Woedend was ik, stopte al zijn spullen in plastic zakken en zette hem het huis uit. Emile was weg en ik zat zonder geld.
Kort erop was ik alweer aan het werk. Via een andere buurvrouw had ik meteen een baan geregeld bij een bank. Een stom baantje maar dat kon me niets schelen want ik had dringend geld nodig. Ik wilde beslist geen geld meer van Emile aannemen.

Na drie maanden kreeg ik promotie. Ik werd secretaresse van de directeur van een nieuwe afdeling van het bedrijf. Na enige tijd zag ik Emile weer af en toe. Na een jaar kregen we toch weer een relatie en kwam hij weer min of meer bij mij wonen.

Na zes jaar Bijlmer verhuisden we naar Buitenveldert. In die periode was Emile over het algemeen bij mij, maar als zijn vrouw het moeilijk had, ging hij naar haar toe. Door financiële tegenslag hadden Emile en zijn vrouw hun villa in Het Gooi moeten verkopen en woonden ze vlak bij mij in de buurt. Toen begon de ellende met Liesje, zijn vrouw. Kennelijk had ze in de gaten dat onze relatie geen bevlieging was van een paar jaar, maar dat het serieus was. Ze kwam naar ons nieuwe huis, schold me uit via de intercom en riep: "Je krijgt hem nooit, ik zal nooit van hem scheiden." Daarna begon het treiteren. Ze belde me dan op en begon te dreigen en te schelden. Ze nam contact op met mijn buren en vertelde dat ik een hoer was. In die tijd had ik een prachtige auto, een Ford Mustang met open dak. Op een ochtend was mijn hele auto beklad met de woorden Hoer, Slet, Temeier. Met verf die er niet meer afging. Het was verschrikkelijk. Ik heb aangifte gedaan bij de politie. Bij een nader onderzoek bleek dat zijn vrouw opdracht had gegeven aan twee jonge jongens.
Op verzoek van Emile heb ik de zaak niet voor laten komen. Maar toen ze me midden in de nacht via de intercom weer eens uit begon te schelden, pikte ik het niet langer. De maat was vol. Ik ben woedend naar beneden gerend. Toen ze me zag, werd ze bang, liep hard weg en sprong in de auto. Ik ging er in mijn auto achteraan en Emile kwam weer achter mij aan in z'n eigen auto, want hij was bang dat ik zijn vrouw iets zou aan doen… Ik heb haar klem gereden en heb haar helemaal verrot gescholden. Vanaf die tijd is het rustig gebleven.
En Emile? Emile hield haar de hand boven het hoofd, vergoelijkte haar schandalige gedrag. "Ach," zei hij, "ze heeft niemand." Hij bleef haar verdedigen.

Mijn ouders hadden, zoals gezegd, een slecht huwelijk. Ze moesten trouwen. Ik had een tweeling boven me, een broer en een zus, die ruim zeven jaar ouder waren dan ik. Ik was een nakomertje, een ongelukje. Ik was te veel. Mijn moeder was gek op mijn broer. In de ogen van mijn vader kon mijn zus geen kwaad doen, ze was zijn oogappel. Als er ruzie was, kreeg ik de schuld. Dan kreeg ik straf en moest ik in het pikkedonker naar de zoldertrap waar ik vreselijk bang voor was omdat ik dacht dat er muizen en ratten waren. Ik zocht warmte en aandacht bij de buren. In mijn puberteit botsten moeder en ik vaak. Mijn vader was altijd weg, ontvluchtte het huis en had andere relaties.

Ik heb vraagtekens gezet in verband met mijn vader. Ik lijk totaal niet op hem. Ik had het sterke gevoel dat ik een andere vader had. Toen ik een jaar of vier was ben ik één of twee keer alleen met mijn moeder op bezoek geweest op de Vrijheidslaan bij een echtpaar. Toen ik binnenkwam, pakte de man mij op, drukte me tegen zich aan en knuffelde me. Zoiets had ik nooit eerder meegemaakt, het maakte diepe indruk, zo klein als ik was. Deze man is jammer genoeg jong overleden. Jan heette hij, ome Jan, verder weet ik niets. Grote man, donkere ogen, donker haar.

Mijn moeder kreeg op jonge leeftijd de ziekte van Alzheimer, ik heb het haar nooit kunnen vragen. Mijn zuster vertelde me dat mijn moeder haar ooit had verteld dat ze een affaire had gehad met iemand anders, maar ze wist niet met wie.

Wist mijn vader ervan? Was hij daarom zo naar tegen me? Ik weet het niet.

Toen ik een jaar of vijftien was, moest mijn moeder naar het ziekenhuis, ze had galstenen en moest geopereerd worden. Dit betekende dat mijn vader en ik alleen thuis waren. Ik was bang voor hem. Ik sliep alleen op zolder, om mezelf te beschermen had ik een bijl onder mijn bed gelegd. Op een avond stond hij poedelnaakt bij mijn bed. Toen ik hem dreigde met de bijl droop hij af en heeft het nooit meer geprobeerd.

Ik heb mijn moeder er nooit iets over verteld, maar ik weet zeker dat ze iets vermoedde. Eigenlijk had mijn moeder na een dergelijke operatie twee of drie weken in het ziekenhuis moeten blijven, maar ze was na een week al thuis. Ze wilde me niet alleen laten met mijn vader, vertelde ze later.

Er was veel ruzie in huis. Toch kijk ik niet terug op een nare jeugd. Ik zocht mijn heil bij vriendinnen, daar werd ik verwend. Mijn broer en zus hadden alleen maar lagere school. Van mijn ouders moest ik naar de huishoudschool. Dat wilde ik niet. Ik wilde meer. Ik wilde naar dezelfde school als mijn buurmeisje, ik wilde naar de mulo. Mijn vader zei toen dat ik er veel te stom voor was.

Ik ben er toch naartoe gegaan. Als ik met mijn huiswerk bezig was, kreeg ik het weer te horen: "Daar ben je veel te stom voor." Als ik 's avonds buiten speelde en om zes uur door mijn vader opgehaald werd om te eten, dan werd ik uitgescholden voor slet of hoer omdat ik met jongens speelde. Het was dus niet alleen lichamelijk slaan wat hij deed, het was ook geestelijk krenken.

Nadat mijn ouders gescheiden waren, wilde ik mijn vader nooit meer zien. Hij is een aantal jaren geleden overleden. Ik kreeg er geen bericht over, maar hoorde het via via, toen hij al een jaar dood was.

Op mijn werk bij de bank had ik het enorm naar mijn zin. Emile wilde graag dat ik ophield met werken, maar dat wilde ik niet. Ik wilde beslist niet meer de hele dag thuiszitten.

Toen ik een jaar of zeven bij de bank werkte, werd ik ziek. Ik kreeg enorme hoofdpijn. Hoofdpijn die bijna niet te verdragen was. Ik sliep slecht en dronk te veel om in slaap te kunnen komen. Ik voelde me ellendig en ongelukkig. Het werd niet beter, het werd steeds erger, ik had geen zin meer in het leven, had nergens meer zin in, behalve mijn beesten: twee honden en twee katten.

Emile woonde voornamelijk bij mij, maar had niets in de gaten. Ook niet hoeveel ik dronk. Hij was veel aan het werk en bovendien wist ik de schijn op te houden. Ik sliep niet meer, kon me niet meer concentreren, was een zombie geworden. Ik had het gevoel dat er een bom in mij huisde. Een bom die tikte en ieder moment kon ontploffen. Ik was er bang voor.

Het was mijn eigen agressie. Mijn medelijden met Liesje, Emiles vrouw was verdwenen. Daarvoor in de plaats was een enorme woede gekomen. Ook ten aanzien van Emile. Hij liet me vaak alleen om naar Liesje te gaan. Ik had het er moeilijk mee, kon slecht tegen alleen zijn, voelde me in de steek gelaten. Net als vroeger kwam ik op de tweede plaats. Maar ik liet mijn woede niet merken, ik dronk mijn woede weg. Na verloop van tijd kon het me niet meer schelen als hij weer naar zijn vrouw ging. Niets interesseerde me meer. Niets, niets, niets.

Op een avond, 's nachts eigenlijk, ben ik in bad gaan liggen en heb ik mijn polsen doorgesneden. Emile ging naar de wc en vond me.

We zijn meteen naar het ziekenhuis gegaan. Na een gesprek met de psychiater kreeg ik pillen mee. Door de pillen sliep ik wat beter, maar ik bleef gewoon drinken. Tot mijn grote spijt moest ik ophouden met werken en kwam ik in de ziektewet terecht. Ik ging trouw naar de specialist en spaarde de pillen op. Ook daarna zag ik het leven niet meer zitten, dacht: wat doe ik eigenlijk hier op deze wereld? Ik heb de pillen achter elkaar ingenomen. De politie vond me. Weer werd ik met pillen naar huis gestuurd. Ik ben ze weer gaan sparen. Met een grote fles whisky heb ik de pillen 's nachts ingenomen. Emile vond me, ik was in coma. Ik werd opgenomen in een gesloten inrichting, had een delirium en heb een week lang in een dwangbuis gelegen. Ik heb de hele boel bij elkaar gekrijst, dat hoorde ik later. Ik was woedend, woedend dat ik nog leefde, dat mijn poging was mislukt. Bezoek wilde ik niet, behalve van mijn broer. Ik wilde beslist niet dat Emile zou komen. Hij kon het niet aan, dat wist ik.

Godzijdank was er een lieve broeder, Gijs, hem vergeet ik nooit. Met hem had ik gesprekken over het leven en over mezelf. Hij kwam iedere avond even langs. Ik denk dat ik er dankzij hem doorheen ben gekomen. Eindelijk iemand die echt naar me luisterde. Van de psychiaters kreeg ik alleen maar pillen. Ik heb er vier maanden gezeten. Toen begon ik me te realiseren dat ik, als ik beter wilde worden, weg moest uit de kliniek, anders zou ik echt gek worden. Ik heb een gesprek aangevraagd en ik heb het de behandelend arts duidelijk kunnen maken. Ik kreeg toestemming om weer naar huis te gaan en kreeg zware pillen mee, met de belofte dat ik de medicijnen langzaam af zou bouwen. Van de periode erna herinner ik me niets meer.

Na een paar maanden werd Emile ziek. Hij kon helemaal niets meer, kon niet eens meer een sigaar vasthouden. Na allerlei onderzoeken bleek hij acute reuma te hebben. Na een ziekenhuisopname hoorden we via via over dokter Kluwers, over een gezondheidscentrum in Naarden. Ikzelf was weer een beetje sterker geworden. Ik bracht Emile dagelijks naar Naarden toe, in de auto. Hij kreeg iedere dag injecties en moest daarna een tijdje blijven liggen. Langzaam kwam er verbetering in zijn toestand. Na een week of drie vroeg dokter Kluwers of ik even meeging naar de spreekkamer. Hij was heel belangstellend en vroeg hoe het eigenlijk met mij ging. Ik barstte in huilen uit en kon niet meer stoppen. Huilen, huilen, huilen. Dokter Kluwers was heel vastberaden, vertelde dat er in hetzelfde gezondheidscentrum een heel goede psycholoog was die me goed zou kunnen behandelen. In zijn ogen was ik er slecht aan toe.

Ik ben inderdaad bij deze psycholoog terechtgekomen en dat is mijn redding geworden. Ik ging er twee keer in de week naartoe. Ik heb op zijn dringende advies geen pillen meer geslikt en bovendien zei hij dat ik hem altijd kon bellen. Ook 's nachts, want 's nachts had ik het vaak erg moeilijk. Ik heb het nooit hoeven doen. Het idee alleen al gaf me veel steun.

Na een moeizaam begin, kreeg ik wat vertrouwen en begon ik hem over mijn leven te vertellen. Hij heeft me duidelijk kunnen maken dat ik eerst van mezelf moest houden, dat ik er achter moest komen wie ik was en wat ik wilde. Langzamerhand kreeg ik een enorm vertrouwen in deze man en ging vechten voor mezelf. Ik ben twee jaar lang in therapie geweest, twee keer per week. Het was een intensieve periode waarbij ik veel heb geleerd. Ik heb geleerd om mezelf belangrijk te vinden en om nee te zeggen als ik iets niet wilde.

Ook met Emile ging het steeds beter. Ik vertelde hem weinig over mijn therapie. Het had geen zin, hij zou het toch niet begrijpen. Ik werd ouder en begon naar een vaste relatie met Emile te verlangen. Emile woonde voornamelijk bij mij, maar als zijn vrouw wat mankeerde of wanneer ze een beroep op hem deed – en dat gebeurde vaak – ging hij toch weer naar haar toe om haar te helpen.

Ik wilde niet meer alleen maar dat vrouwtje aan zijn arm zijn. Ik wilde niet meer op de tweede plaats komen. Ik wilde geen dure juwelen meer; ik wilde hem, een leven met hem samen. Ik wilde dat Emile ging scheiden van zijn vrouw, van Liesje.

Hij wilde het niet, kon Liesje niet alleen laten. Ik kon Emile niet duidelijk maken hoe het me kwetste.

Toen ik op oudjaarsavond een feestje had georganiseerd voor vrienden en familie waar ik me erg op verheugde, kondigde Emile aan dat hij van plan was om naar Liesje te gaan. Want ze zou helemaal alleen zijn die avond en Emile had medelijden met haar. Toen barstte de bom. Ik riep hem toe dat wanneer hij naar zijn vrouw zou gaan, hij er bij mij niet meer in kwam.

Dat is gebeurd. Hij is toch gegaan en tussen ons was het afgelopen. Hij is in de eerste instantie bij een vriend gaan wonen in de hoop dat het toch weer goed zou komen. Maar toen na een half jaar duidelijk werd dat ik geen relatie meer met hem wilde, trok hij weer bij zijn vrouw in.

Vanaf die tijd zagen we elkaar nog wel, maar als vrienden. We sliepen niet meer met elkaar, dat wilde ik niet meer. Maar ik hield nog wel van hem. Ik realiseerde me dat hij nooit bij Liesje weg zou gaan, maar ik had er eindelijk vrede mee. Ik ben verhuisd en was financieel onafhankelijk van hem.

Op een dag kwam Emile langs, helemaal blij. Hij had goed nieuws, zei hij. Wat bleek, Liesje had een man ontmoet op een feestje. Deze man had veel in het buitenland gewoond en ging stoppen met werken. Hij was alleen en tussen hem en Liesje ontstond een platonische liefde. Ze wilde scheiden van Emile en trouwen met deze nieuwe man. Het was de bedoeling dat ze samen in Antwerpen gingen wonen. Er was al een flat gekocht. Toen heeft Emile me op de knieën gevraagd of ik met hem wilde trouwen.

Ik was sceptisch, geloofde het niet, wilde papieren zien. Dat is gebeurd. Advocaat gebeld, alles in orde. Liesje had de scheiding aangevraagd, ik had alles zwart op wit. We zouden in mei gaan trouwen en we waren van plan om een groot feest te geven. We kregen zelfs al cadeaus van vrienden. We waren allebei helemaal gelukkig.

De datum van ons huwelijk naderde en we moesten nog in ondertrouw, maar ik hoorde niets meer over onze plannen. Ik begon achterdochtig te worden en vragen te stellen. Ik heb het uit hem moeten trekken. Hij durfde het niet te vertellen. Eindelijk vertelde hij wat er aan de hand was: Liesje had de scheiding ingetrokken. Haar aanstaande man had samen met zijn chauffeur in Duitsland op de autobahn een auto-ongeluk gehad en was overleden.

Ik was perplex. En die scheiding zat er niet in. Hij is bij zijn vrouw blijven wonen.

Met pijn en moeite legde ik me bij de situatie neer. Emile zag ik nauwelijks meer. Een paar jaar daarna ontmoette ik Martin. Martin was een vrij man en ik werd verliefd op hem.

Toen Emile merkte dat hij me kwijt was, heeft hij hemel en aarde bewogen om me terug te krijgen. Hij schreef liefdesbrieven, wilde scheiden, want ik was de enige vrouw van wie hij echt hield. Maar ik wilde niet meer.

Een aantal jaren daarna is Emile plotseling overleden. Een hersenbloeding. Ik was niet op de begrafenis, maar toen ik hoorde dat hij gestorven was heb ik verschrikkelijk gehuild. Zijn vrouw is het jaar erna overleden. Met Martin ben ik achttien jaar samen geweest. We reisden veel, uiteindelijk ben ik ook met hem getrouwd maar het was geen gelukkige relatie. Drie jaar geleden zijn we gescheiden.

Mijn relatie met Emile heeft alles bij elkaar tweeëntwintig jaar geduurd. Eigenlijk had ik graag met hem willen trouwen, ondanks het feit dat hij meer dan dertig jaar ouder was dan ik. Ik heb altijd tegen hem gezegd dat ik hem tot zijn dood zou verzorgen. Ik had het allemaal voor hem gedaan.

Ondanks alle problemen heb ik geen spijt. We konden verschrikkelijk goed met elkaar opschieten, we konden ook verschrikkelijk met elkaar lachen en hadden nooit ruzie. Behalve wanneer zíj ter sprake kwam.

Hij heeft nooit de moed op kunnen brengen om van Liesje te scheiden en voor mij te kiezen. Als ik er goed over nadenk, is het een raadsel. Heeft ze hem misschien ergens mee gechanteerd? De laatste tijd denk ik dat steeds vaker. Maar de waarheid zal ik nooit te weten komen.'

Cadeaus maken afhankelijk

Een man kan zijn liefde onder meer tonen door zijn minnares/vrouw af en toe een cadeau te geven. Maar wanneer een man zijn middelen aanwendt om een vrouw te behouden, verandert de situatie. Op dat moment is er geen sprake meer van een gelijkwaardige relatie. De man creëert afhankelijkheid.

Ook al zegt de jonge Emma dat ze totaal niet had gedacht aan een relatie, na een jaar zet Emile de situatie naar zijn hand. Emma zwicht, immers, zoals zij zelf zegt: 'Emile begon toch een beetje aan te dringen en ik realiseerde me dat hij meer dan een jaar had gewacht.'
Ook dergelijk gedrag verdient geen schoonheidsprijs. Een man die jarenlang twee vrouwen aan het lijntje houdt vertoont conflictmijdend gedrag. Immers, hij wil niet kiezen om grote ruzies te voorkomen. Daarbij maakt hij twee vrouwen (financieel) afhankelijk van hemzelf. Zijn gedrag impliceert dat hij een lage frustratietolerantie heeft.

Erotiserende macht

Emma vertelt over haar naïviteit; ze had niet in de gaten dat de dertig jaar oudere mijnheer Huyer misschien wel al te aardig voor haar was.
Zeker speelt zijn geld een rol in de relatie. Macht en rijkdom werken nu eenmaal erotiserend op vrouwen. Dat rijke en machtige mannen dan meestal al wat ouder zijn, komt simpelweg door het feit dat zij de tijd hebben moeten nemen om hun macht of rijkdom op te bouwen. Veel machtige mannen vinden die aandacht van vrouwen leuk. Er zijn relatief meer vrouwen beschikbaar rond machtige mannen. Dat is evolutionair bepaald; een machtige man kan goed voor vrouw en kinderen zorgen. Daardoor hebben vrouw en kinderen betere overlevingskansen. Daarom gaan deze mannen ook vaker vreemd dan 'gewone' mannen. Is een man rijk en machtig, dan zal een vrouw (onbewust) aandacht van hem vragen. Al is die man wellicht getrouwd. En als die man dan toch de keuze moet maken tussen de vrouwen die zich 'aanbieden', dan kiest hij al snel voor die jonge, aantrekkelijke dame.

Hij was leuk, gul, erudiet en geestig

Hendrikje en Bram

'Hij was hij me al opgevallen tussen al die mensen, ondanks alle chaos en tumult tijdens de krakersrellen in Amsterdam in de jaren zeventig. Ik wist wie hij was, een talentvolle collega over wie ik al veel had gehoord. Hij had een vrouw bij zich die een blauwe baret droeg, een collega. Tenminste, dat dacht ik.
Na afloop van de bijeenkomst, ad hoc georganiseerd in een krakerscafé, kwam hij naar me toe. Hij had over mij gehoord, vertelde hij en wilde graag kennis met me maken. Ik trots. We hadden een leuk gesprek. Ik vroeg hem naar de vrouw met de blauwe baret. Ze bleek zijn echtgenote te zijn.

Na een paar weken kwamen we elkaar toevallig weer tegen en daarna nog een paar keer. Ik was erg van hem gecharmeerd, vond hem een leuke collega. Een aantal maanden na onze eerste ontmoeting belde hij me op. Nota bene op mijn werk tijdens een vergadering. Hij wilde een afspraak met me maken. Dat gebeurde en daarna volgden nog een paar afspraken. Ik had wel in de gaten dat hij erg in mij geïnteresseerd was, maar in mijn ogen was hij een getrouwde man, dus hield ik afstand. Toen ik hem duidelijk maakte dat we wat mij betreft gewoon vrienden bleven zei hij: "Dat kan ik niet, ik kan niet gewoon vrienden met je blijven. Ik ben al maandenlang stapelverliefd op je, ik hou van je…"

Ik was totaal verbluft en realiseerde me in een flits dat ik weg zou moeten gaan.

Ik ben gebleven.

We zagen elkaar daarna regelmatiger, maar op een middag nam hij de teugels in handen en zei hij zeer vastbesloten: "Vanavond gaan we vrijen." Dat is gebeurd. Tot mijn verbazing bleef hij gewoon slapen.

Vanaf die tijd gingen de gebeurtenissen met me op de loop. Een paar dagen na onze eerste vrijage moest Bram voor zijn werk naar Berlijn. Ik werd uitgenodigd mee te gaan. Hij vloog erheen, ik reisde hem na met de trein. Toen ik aan kwam rijden op het station stond Bram op me te wachten. Ik zag een kleine, eenzame man in een regenjas…

We hadden het heerlijk samen in Berlijn. We gingen naar de opera, logeerden in een goed hotel en genoten van elkaar en van alles wat de stad te bieden had.

Na dit reisje was het echt aan en zagen we elkaar iedere dag. Ik was stapelverliefd geworden en Bram bleef twee à drie keer per week bij me slapen. Ook hij voelde zich heel gelukkig, dat was overduidelijk. We verzonnen voortdurend mogelijkheden om bij elkaar te zijn. Samen lunchen, 's avonds eten in de stad.

Ik was inmiddels tweeëndertig, had wel een aantal geliefden gehad, maar zo'n man had ik nog nooit ontmoet. Hij was leuk, hij was gul, hij was amusant, erudiet, geestig, hij zat vol verrassingen en hij was een fantastische minnaar. Ik werd door hem op handen gedragen.

Ik wist natuurlijk dat hij getrouwd was en Bram sprak altijd heel aardig over zijn vrouw, maar eerlijk gezegd wilde ik er niets over horen. Ik dacht helemaal niet aan haar. Ik wist dat hij nog een ander leven had maar het hield me niet bezig. Ik zag hem vaak en bovendien belde hij me zeven à acht keer per dag op, ik had niet het idee dat ik iets tekortkwam. Het was veel en overweldigend.

Toch kreeg mijn geluk een knauw door een heel vervelend incident. Bij een belangrijke bijeenkomst waar we allebei naartoe moesten in verband met ons werk, kwam zijn vrouw onverwachts langs. Tot mijn verbijstering ging Bram na afloop naar haar toe en bleef hij niet bij mij. Het was een schok, ik voelde me in de steek gelaten.

Ik ben naar huis gegaan, was helemaal over mijn toeren en heb de hele avond gehuild. Ik realiseerde me dat, als het erop aankwam, hij voor zijn vrouw zou kiezen en niet voor mij. Bram kwam 's avonds naar me toe en probeerde me te troosten. Hij was graag blijven slapen, maar ook dat was niet mogelijk. Hij zou de volgende dag vroeg vertrekken met zijn vrouw en zijn twee jonge kinderen om de kerstdagen door te brengen in Drenthe.

Hoe ik die dagen ben doorgekomen, weet ik niet meer. Ik voelde me ronduit ellendig en overwoog serieus om met de relatie te stoppen. Toen ik Bram na de feestdagen ophaalde van het station bleek dat hij er ook over had nagedacht. Hij stelde voor om het aan zijn vrouw te vertellen.

Aan de ene kant was ik opgelucht en vond ik het fijn, aan de andere kant was ik aarzelend over deze oplossing, want ik wist niet wat zo'n bekentenis bij hem thuis zou aanrichten.

Bram heeft het niet aangedurfd en ik heb niet aangedrongen. We hebben het er zelfs niet meer over gehad. Ik had weliswaar een vreselijke week gehad, maar was na zijn terugkeer weer in de zevende hemel terechtgekomen. Ik was bang voor de consequenties, ik voorzag vreselijke ruzies en getouwtrek en had het idee dat de situatie moeilijker zou worden in plaats van makkelijker. Per slot van rekening waren er nog twee kleine kinderen bij hem thuis. Kortom, ik liet het erbij zitten en liet de beslissing aan hem over.

Onze verliefdheid was zo heftig dat er geen ruimte was voor schuldgevoel. Zijn vrouw bestond, dat wist ik, maar over het algemeen had ik geen last van haar. Er waren af en toe pijnlijke incidenten, maar er stonden veel leuke dingen tegenover. Bram had alle vrijheid, kon zelfs een paar nachten per week bij mij blijven.

Behalve twee keer per jaar, rond Kerst en in de grote vakantie. Dan werd hij geacht een tijdje bij zijn gezin door te brengen. Die vakanties met zijn gezin waren een regelrechte ramp voor mij, maar als we na afloop elkaar weer zagen, was alles weer als vanouds. We hadden elkaar verschrikkelijk gemist en alle ellende was op slag verdwenen.

In feite traden we naar buiten als een stel, Bram nam me overal mee naartoe. Reisjes, verjaardagen, feesten, het café. We nodigden samen vrienden uit bij mij thuis en we liepen innig gearmd door de stad. Raadselachtig dat we nooit door zijn vrouw gesignaleerd zijn. Wanneer hij naar het buitenland moest – en dat gebeurde regelmatig – ging ik met hem mee.

De bedoeling was dat, wanneer de kinderen groot waren, hij zijn vrouw zou verlaten. "Jouw tijd komt nog wel," zei hij vaak. Hij fantaseerde af en toe over een dochter en die moest Claartje heten.

We gingen zelfs samen op vakantie: Bretagne, Engeland, München. Hij verzon voortdurend leuke dingen en zat vol verrassingen. Hij zei bijvoorbeeld: "Morgen moet je koffertje klaarstaan," en dan vertrokken we met de auto. Ik reed, ging de snelweg op en wist niet waar naartoe. Hij gaf aanwijzingen: "Nu moet je links of nu moet je rechts afslaan." Uiteindelijk kwamen we dan bijvoorbeeld in Oostende of Leeuwarden terecht waar hij een hotel had gereserveerd.

Of die keer dat ik naar Maastricht moest voor mijn werk. Bram bracht me weg naar het station, zwaaide me uit en stapte op het allerlaatste moment toch weer in de trein en ging mee. We hebben de hele reis in de coupé liefdesliedjes gezongen en 's avonds gelogeerd in een luxueus hotel. Alles was spannend met hem.

Ondanks dit alles zette ik hem, na drie jaar, toen ik het moeilijk had omdat hij op vakantie was met het gezin, voor het blok. Ik maakte hem duidelijk dat ik de situatie niet meer aankon en dat ik wilde dat hij het thuis zou vertellen. Zijn antwoord was dat hij het zijn vrouw niet aan kon doen, dat ze al twaalf jaar bij elkaar waren en dat ze er kapot aan zou gaan. Ik werd woedend en schold hem de huid vol. Bram vertrok en daarna zagen we elkaar maanden niet.

Ik vond het leven zonder hem helemaal niet leuk en miste hem verschrikkelijk. Maar toen ik hem na een aantal maanden in verband met mijn werk toevallig tegenkwam, negeerde ik hem toch, met bonkend hart.
Spoedig na dit onverwachte incident belde hij me op voor een afspraak. Hij kwam langs met een grote bos rode Baccarat-rozen en al mijn weerstand smolt weg als sneeuw voor de zon. We hadden al die tijd verschrikkelijk naar elkaar verlangd.
De eerste tijd zagen we elkaar minder vaak, maar na een maand was alles weer als vanouds en waren we weer verschrikkelijk verliefd.
Toch was het me duidelijk geworden dat een toekomst met hem uitzichtloos was. Hij probeerde daarna wel om het leven voor mij zo aangenaam mogelijk te maken. Ik ging vaker met hem mee op reis en hij deed zijn best om als partner op te treden om het uitzichtloze van de relatie te compenseren.

Desondanks begon ik me in de loop der jaren steeds ongelukkiger te voelen. Ik realiseerde me heel goed dat ik me niet meer uit deze relatie los kon maken. Ik heb het nog diverse keren uitgemaakt, maar ik hield het nooit langer dan een paar weken vol. Door mijn onmacht werd ik nog ongelukkiger. Langzaam begon ook het leuke, het spannende te wennen.
Ik ging steeds meer zeuren en eisen stellen. Na een buitengewoon pijnlijke confrontatie waarbij ik degene was die voorgelo-

gen en bedrogen werd, heb ik het weer uitgemaakt. Het was natuurlijk niet leuk, maar het was ook een opluchting. De hele jeu was er eigenlijk al lang af.

Een aantal weken daarna maakten we een afspraak en overhandigde Bram me de sleutels van mijn huis. Het leek wel alsof hij de beslissing had genomen om een totaal ander leven te gaan leiden. Hij had een andere baan, een andere werkplek en ik... Ik speelde in dit nieuwe leven geen rol meer. Het was alsof hij een knop in zijn hoofd had omgedraaid. Het pijnlijkste was dat ik het sterke gevoel kreeg dat hij blij was dat hij van me af was.

Ik voelde me verschrikkelijk ongelukkig en in de steek gelaten... Toen het erop aankwam heeft hij, na een relatie van tien jaar, niet voor mij gekozen. Hij koos inderdaad voor zijn vrouw. Alhoewel, hij bleek al snel daarna een affaire te hebben met een collega met wie ik veel had samengewerkt. Maar dit hoorde ik pas veel later.

Toen ik me realiseerde dat het echt afgelopen was tussen ons, probeerde ik naarstig mijn eigen leven weer op te bouwen. Dat was zwaar. Ik ben dan ook in therapie gegaan.

Bram zag ik lange tijd niet.

Daarna volgde er een lange periode van zeventien jaar waarin we elkaar bij vlagen zagen. Er waren veel momenten dat hij in mijn ziel prikte, met name wanneer hij tegen me loog. Dan werd ik vreselijk kwaad op hem en zagen we elkaar een lange periode niet.

Een echte relatie hadden we niet, maar we gingen nog regelmatig met elkaar naar bed. Onze lichamen waren volkomen op elkaar ingespeeld, dat schept een seksuele, maar vooral ook emotionele band. Wat nog belangrijker was: ik hield nog steeds van Bram. Ik koesterde de wens en de hoop dat het allemaal nog wel goed zou komen.

Na een aantal jaren werd zijn vrouw ernstig ziek, ongeneeslijk ziek. Rond de dood van zijn vrouw kwam hij heel vaak bij mij langs. Hij had het zwaar, dat wist ik. Juist in die tijd vrijden we veel met elkaar, ook omdat ik wist dat het een belangrijke uitlaatklep voor hem was. Op die manier probeerde ik hem te troosten en door een moeilijke periode heen te slepen.

Ik ben niet naar de begrafenis van zijn vrouw gegaan, wel naar een bijeenkomst in verband met haar dood. Ik heb afscheid van haar genomen, zag haar liggen in haar kist en had ontzettend met haar te doen. Ze had het zwaar gehad op haar ziekbed en dat was zichtbaar.

Ik denk dat Bram en zijn vrouw niet veel ruzie hadden. Ze hadden elkaar weinig te vertellen en leefden langs elkaar heen. Volgens mij was Bram een aardige maar zeer afwezige vader en verder vermoed ik dat hij veel last had van schuldgevoelens ten opzichte van zijn vrouw. Wat haar betreft, ik kan me nauwelijks voorstellen dat zij niets heeft gemerkt. Ik vermoed dat ze confrontaties uit de weg is gegaan. Achteraf denk ik, hoe wrang het ook is, dat hun huwelijk stand heeft kunnen houden dankzij onze relatie.

Ik had een afwezige vader. Hij was "fout" geweest in de oorlog en in mijn prille kindertijd zat hij na de oorlog lange tijd vast in een interneringskamp. Hij kwam rond mijn vijfde thuis en hij bleek niet de vader te zijn van wie ik droomde. Hij was zeer onvolwassen, rancuneus en veeleisend. Mijn moeder was lief en zorgzaam en had haar handen vol om het hem en alle anderen om haar heen naar de zin te maken. Van mij werd verwacht dat ik, in verband met de lieve vrede in huis, mijn moeder steunde in haar zware rol en dat ik over mijn vader moederde. Desondanks was er veel ruzie in huis. Het was beslist niet de vader die je een kind toewenst.

Bram had een andere achtergrond, zijn familie was actief geweest in het verzet. Al heel snel heb ik hem verteld over mijn foute vader, want ik voelde me er erg door beklemd. Hij heeft er lief, begripvol en zorgzaam op gereageerd.

Achteraf heb ik me gerealiseerd dat Bram lange tijd de vaderrol heeft ingevuld. Hij, op zijn beurt, voelde zich thuis in die rol. Voor mij was dit een diepe en tot dan toe verborgen behoefte, afgezien van het emotionele en het seksuele. Ik was altijd een zelfstandige vrouw geweest. Tot ik Bram ontmoette was er niemand in mijn leven die overwicht had. Hij was de eerste en de enige bij wie ik dat toeliet. Hij introduceerde me in de wereld van de letteren en de muziek. Hij leerde me wegwijs worden in het politieke spel en het politieke denken. Hij leerde me dat er lagen zijn in "de waarheid". Hij leerde me nuanceren en relativeren. Kortom, hij heeft een belangrijke rol vervuld en me wegwijs gemaakt in deze ingewikkelde wereld.
Een van de redenen van onze breuk was dat hij vond dat ik te veel op hem leunde. Hij had een atlascomplex ontwikkeld, vertelde hij later. Hij had het gevoel dat de hele wereld op zijn schouders drukte. Dat ik ook op hem leunde, werd hem te veel. Achteraf vond ik dat hij gelijk had.
Bovendien, zei hij, wilde hij niet meer liegen.

Na de dood van zijn vrouw hoopte ik dat alles goed zou komen. Maar hij bleek een nieuwe vriendin te hebben. Toch zagen we elkaar zeer regelmatig. Deze periode heeft lang geduurd, tot aan zijn dood. Het was voor mij vallen en opstaan. Het leek wel of we met touwtjes aan elkaar bleven zitten.
Na verloop van tijd kreeg ik de sterke behoefte om van Bram los te komen. Ik bezocht een helderziende, vertelde deze man over mijn problemen en liet hem een, in mijn woede verscheurde brief van Bram zien. De man nam het voor hem op. Hij maakte me duidelijk dat Bram emotioneel beschadigd was door zijn ingewikkelde jeugd en dat het tussen ons niet meer goed zou komen.

Dit gesprek had een goede uitwerking op me. Ik kwam met beide benen op de grond terecht en ineens ontstond er een gevoel van mededogen. In feite had ik hem altijd op een voetstuk gezet, hij werd een gewoon mens, een mens met fouten.

Vanaf die tijd volgden er ook fases vol van genegenheid en begrip voor elkaar. Een grote verbondenheid die langzaam veranderde in een vriendschap. De woede, de pijn en het verdriet waren verdwenen. Ik moest zelfs lachen om zijn rare streken.
Langzamerhand kwam ik er achter dat ik niet de eerste en de enige was geweest met wie hij een buitenechtelijke relatie had. Er was in zijn leven altijd sprake geweest van een driehoeksverhouding, er waren altijd vriendinnen geweest. Mijn verklaring is dat hij zich niet echt kon binden. Aan de andere kant was hij op zijn best als hij verliefd was, dan durfde hij ineens veel meer, ook op het gebied van zijn werk.
We hebben ons "vijfentwintigjarig huwelijksfeest" gevierd in Parijs. Het was leuk en vertrouwd.
Vlak erna is er ontdekt dat hij ziek was. Kanker.
Met zijn laatste vriendin had ik een goed contact. Ze was weliswaar getrouwd, maar daarbij had ze ook een geheime relatie met Bram. Ze was de juiste vrouw op het juiste moment. Heel praktisch, doortastend en vrolijk.

Bram is uiteindelijk gestorven, ongeveer vijf jaar geleden.

Vroeger wilde ik graag kinderen. Het is er nooit van gekomen. Ik wist heel goed dat, wanneer ik een kind zou krijgen van Bram, ik het alleen op zou moeten voeden. Het leek me geen prettig vooruitzicht. Ik wist niet hoe ik het in mijn eentje voor elkaar moest krijgen, dus gaandeweg is die wens verdampt. Op mijn veertigste jaar heb ik me zeer bewust en met volle overtuiging laten steriliseren. Uiteindelijk ben ik blij dat ik geen kinderen heb. Ik zou ze te veel belast hebben met mijn problematische achtergrond.

Ik denk niet dat ik gelukkig met Bram geworden zou zijn als alles anders was gelopen en wij met elkaar in zee waren gegaan. Ik denk dat ik in dezelfde situatie terecht zou zijn gekomen als zijn vrouw. En die positie is in mijn ogen niet te benijden. Bovendien vraag ik me tegenwoordig af of ik zelf wel geschikt ben voor een relatie van een op een.

Als ik aan Bram denk, dan denk ik aan verbondenheid door het lot. Op de ene of andere manier kwamen we elkaar overal tegen, vaak op absurde en onverwachte momenten. We draaiden altijd om elkaar heen, stootten elkaar af en trokken elkaar weer aan. Als ik hem zag, leek het wel of er in mij een ander register werd bespeeld. Ik wist heel goed dat ik ermee op moest houden maar ik was zo makkelijk te verleiden. Als ik in zijn buurt kwam, leken alle bezwaren weg te vallen. Hij gaf me altijd een goed gevoel, was altijd goedgehumeurd en wist me altijd iets interessants te vertellen. Het leek wel of ik even uit mijn eigen leven werd opgetild. Niemand anders heeft dat bij mij teweeg kunnen brengen.
Nee, ik had geen andere keuzes kunnen maken. Om van Bram los te komen had ik naar een andere stad moeten verhuizen. Dat was te ingewikkeld want door mijn werk was ik aan deze stad gebonden. Het heeft zo moeten zijn. Ik accepteer het volledig. De relatie heeft me veel verdriet gedaan, maar heeft mijn leven ook verrijkt.
Ik denk nog vaak aan hem. Door de jaren heen ben ik in reïncarnatie gaan geloven. Ik ben ervan overtuigd dat ik hem in een volgend leven weer tegen zal komen.'

Op een voetstuk plaatsen

Bram droeg Hendrikje op handen. Andersom adoreerde zij Bram: hij was leuk, gul, erudiet en geestig. En nog meer: hij was amusant, vol verrassingen en een fantastische minnaar. Pas later kwam ze er achter dat Bram ook minder leuke kanten had. In de verliefdheidsperiode zie je een ander door een roze bril. Met name in het begin van een relatie vergroten we positieve eigenschappen uit. Bovendien kun je een ander (en ook jezelf) eigenlijk nooit helemaal neutraal bekijken; niemand heeft immers een achtergrond die neutraal is. Ook onze partners zien we met deze gekleurde bril; we projecteren een liefdeskleur op de partner.

Maar zodra een vrouw een man ziet als 'groot en sterk', en zij zich bij die man ook in die rol gedraagt, wordt in de psychoanalyse gesproken van transfer, overdracht. De vrouw kruipt als het ware in de rol van een klein meisje en ziet een stuk van haar vader in de minnaar. Hij is groot en sterk, et cetera. Je kunt je daarbij afvragen of het beeld dat een kind van haar vader heeft wel zo realistisch is.

Invloed van gezin op relatie

Terwijl Brams vader in het verzet zat, was Hendrikjes vader fout in de oorlog. Allebei de vaders drukken hiermee een stempel op het gezin. Het gezin waaruit je komt, kan invloed hebben op het feit of je 'minnaargevoelig' bent. Ben je een man, en zag je je vader alsmaar vreemdgaan, dan kan het zijn dat de zoon dat als voorbeeld ziet. Of er kan sprake zijn van erfelijke aanleg. Meer over de invloed van het gezin op relaties in het verhaal van Lisa, 'Alleen gestolen uurtjes'.

Hij wil zijn vrouw niks vertellen

Bram vertelt niets aan zijn vrouw over zijn relatie met Hendrikje, hij wil geen slapende honden wakker maken. Bovendien wil hij zijn vrouw niet kwetsen. Wanneer zijn heimelijke relatie toch bekend zou worden, zou zwijgen op lange termijn nog schadelijker zijn voor de echtelijke relatie, want

1. hij zou dan moeten bekennen dat hij een relatie heeft gehad;
2. hij zou dan moeten bekennen dat hij zijn vrouw (lange tijd) heeft bedrogen – en dus langdurig heeft gelogen.

Op het moment dat Bram het wel aan zijn vrouw zal vertellen, zal Hendrikje meer gewicht krijgen. Dit is voor Hendrikje de achterliggende reden dat zij graag wil dat Bram over zijn relatie met haar vertelt. Er moet dan eindelijk een ontknoping komen. En ze gaat ervan uit dat die goed voor haar uitvalt…

Maar Bram – en daarmee de meeste mannen met een buitenechtelijke relatie – wil dat de relatie op dezelfde manier voortduurt. Hij heeft daarom geen behoefte aan verandering. Want die komt er hoe dan ook als hij zijn vrouw inlicht.

Eisen stellen

Hendrikje gaat steeds meer eisen stellen aan Bram. Ze wil dat hij het thuis vertelt. Ze wil dat hij voor haar kiest. Minnaressen moeten over een grens als ze eisen gaan stellen.

Nú heeft ze hem immers nog, maar door dat 'gezeur' kan de relatie stoppen. Dat beseft een minnares goed. Net als andere minnaressen wacht ze er lang mee; ze wil de gestolen uurtjes zo leuk mogelijk houden. Maar uiteindelijk wil ze toch erkenning.

Over het algemeen zijn er drie punten waar de minnares na verloop van tijd genoeg van heeft.

1. Ze wil zich niet meer schikken naar de tijd waarop de man wil langskomen. Het 'wachten op zijn telefoontje' en improviseren naar aanleiding van zijn onverwachte bezoekjes is ze beu.

2. Ze wil meer tijd samen zijn met hem. Samen Kerst vieren, samen ontbijten.

3. Ze wil niet langer in het geheim met hem leven. Ook haar familie wil ze graag laten zien wie die man in haar leven is.

Kortom: een minnares wil erkenning van haar bestaan in zijn leven.[1]

Altijd alleen thuiskomen

Valerie

'Als ik op mijn liefdesleven terugkijk, dan realiseer ik me dat ik op niet-beschikbare mannen val of op mannen met wie iets aan de hand is. Het zijn allemaal mannen met een rugzak vol problemen waar ik me dan volledig op stort... Kan ik iets voor je betekenen...? Kan ik je helpen...? Kom maar bij mij...

Ik heb een relatie gehad met een alcoholist. Ik heb een relatie gehad met iemand die op z'n dertigste nog bij zijn moeder woonde. Ik heb een relatie gehad met iemand die ik wilde behoeden voor het slechte pad en die toch de bank heeft opgelicht voor een groot bedrag. Bovendien heb ik een relatie gehad met een aantal getrouwde mannen.

Ik ben inmiddels halverwege de veertig en in een fase van mijn leven dat ik wil gaan ontdekken waarom ik op deze ingewikkelde mannen val in plaats van het steeds maar te laten gebeuren.

Mijn ouders zijn gescheiden toen ik zes jaar was. Tot mijn twaalfde jaar zag ik mijn vader regelmatig, maar het bracht altijd problemen met zich mee. Hij kwam steevast te laat en bracht mij en mijn één jaar jongere broertje altijd weer veel te laat terug. Mijn moeder was bij voorbaat woedend, dus voordat hij kwam was er al enorm veel spanning in huis. Als we weer te laat thuiskwamen, wisten we al dat wij op onze donder zouden krijgen.

Op mijn twaalfde besloot ik om mijn vader niet meer te zien.

Achteraf denk ik dat het met deze spanningen te maken had.

Mijn vader is na de scheiding getrouwd met de beste vriendin van mijn moeder en heeft twee kinderen bij haar gekregen. Ook van haar is hij weer gescheiden.

Ik onderhield contact met hem door middel van brieven. Toen ik achttien was en niet meer thuis woonde, heb ik hem opgezocht. Toen pas voelde ik de ruimte en de vrijheid om hem te leren kennen. Vanaf die tijd hebben we een hechte band met elkaar opgebouwd. Ik zag hem meer als mijn beste vriend dan als mijn vader. Ik zette hem op een voetstuk en slurpte al zijn aandacht op. Hij was er helemaal voor mij, ik had geen enkel geheim voor hem en wist dat hij mij onvoorwaardelijk steunde en accepteerde.

Mijn vader is bijna zestien jaar geleden overleden, onder zeer moeilijke omstandigheden. Hij was ongeneeslijk ziek en heeft zonder dat ik het wist een einde aan zijn leven gemaakt. Woedend was ik, dat hij dood was. De eerste vijf jaar na zijn dood kon ik niet over hem praten zonder in huilen uit te barsten. Ik heb hem verschrikkelijk gemist. Het rouwproces heeft dan ook jaren geduurd en eerlijk gezegd ben ik er nog steeds niet overheen.

De relatie tussen mij en mijn moeder was slecht.

Toen ik twaalf was, kreeg mijn moeder een verhouding met een veel jongere man. In die tijd had ik erg veel ruzie met mijn moeder maar tot mijn grote vreugde nam deze man het vaak voor mij op. Helaas, dit had weer tot gevolg dat ik wéér het onderwerp was van veel en heftige ruzies.

Uiteindelijk kreeg ik met deze man een seksuele relatie. Terwijl we samen als twee lepeltjes bij elkaar in bed lagen, raakte hij mij op intieme plekken aan. Ik was nog jong, een jaar of dertien en ervaarde het als liefde… Eindelijk iemand die van mij hield. Ik had geen flauw idee. Maar ik realiseerde me wel dat er iets gebeurde wat niet mocht en dat het absoluut geheim moest blijven. Ook deze man zette ik op een voetstuk.

Na vier jaar stopte de relatie tussen mijn moeder en haar jonge vriend. Ondanks het feit dat ik weet dat dit nooit had mogen gebeuren, ben ik nooit kwaad op hem geworden. Ik heb het ervaren als een liefdevolle periode. Pas veel later kwam ik langzaam tot het besef dat er dingen zijn gebeurd die niet door de beugel konden.

Mannen hebben in mijn jeugd dus een vreemde rol gespeeld. Ik ben veel tekortgekomen. Bovendien heb ik aan het begrip 'liefde' een verkeerde betekenis gegeven. Door mijn verlangen naar aandacht, bevestiging en warmte ben ik later vaak in de problemen gekomen. Van mijn moeder heb ik bovendien de boodschap meegekregen: mannen deugen niet. Het is ze alleen maar om seks te doen.

Mijn moeder heeft me altijd overladen met haar problemen. Een aantal jaren geleden heb ik een enorme woedeaanval gehad en eindelijk alle opgekropte gevoelens geuit. Voor haar was dat vreselijk maar sindsdien kan ik meer begrip voor haar opbrengen. Zij heeft een zwaar leven gehad. Ze was kind uit een groot gezin, er was geen aandacht voor haar en bovendien heeft ze in het jappenkamp gezeten. Toen ze volwassen was, raakte ze verslaafd aan alcohol en aan medicijnen. Voor beide verslavingen is ze opgenomen geweest in een kliniek, van beide verslavingen is ze afgekomen. Voor mijn vader heeft ze geen goed woord over, nog steeds niet.

Vanwege een vriendje ging ik al jong het huis uit. Na deze relatie volgde het ene vriendje na het andere. Ik wilde ze altijd redden. De eerste getrouwde man met wie ik iets kreeg, was mijn baas. Hij was vijftien jaar ouder, heel mooi en interessant. Ik vond het spannend en geweldig dat ik aandacht kreeg en zag hem meer als een vaderfiguur, keek enorm tegen hem op. Eigenlijk was het meer een uitgebreide en langdurige flirt. Pas later hoorde ik dat hij gewoon een vrouwenversierder was.

Een paar jaar later kreeg ik iets dergelijks met een andere baas. Ook dit was een leuke man. Het was wat mij betreft meer de behoefte aan aandacht dan aan seks.

Daarna volgden een aantal ongebonden maar zeer ingewikkelde vriendjes tot ik Joachim ontmoette.

Joachim was barkeeper en getrouwd. Ik was stapelverliefd op hem maar heb me lange tijd verzet tegen mijn gevoelens, want eigenlijk wilde ik de enige zijn. Ik vond het moeilijk om een seksuele relatie te hebben met een man die de vorige avond nog naar bed was geweest met zijn vrouw. Het heeft me grote moeite gekost om me daar overheen te zetten. Van schuldgevoelens ten opzichte van zijn vrouw was geen sprake. Dat vond ik meer de verantwoordelijkheid van de echtgenoot.

Van de vijf jaar die ik met Joachim om ben gegaan, waren er twee heel erg leuk. Hij was een fantastische minnaar. We zagen elkaar, vanwege zijn werk in de kroeg, alleen maar in de nachtelijke uren. Ik richtte mijn leven in op onze ontmoetingen. Ik ging na mijn werk overdag om acht uur 's avonds naar bed en zette de wekker op twaalf uur. Ik verzorgde mezelf, maakte me mooi en dan kwam hij...

Ik woonde in een huis op een hoek van de gracht waar hij werkte. In die tijd waren er nog geen mobiele telefoons, maar ik gaf hem een teken: als ik wilde dat hij langskwam, deed ik het wclichtje aan. Als ik geen zin had of sliep, bleef het lichtje uit. Van hem hoorde ik dat hij soms wel vijf keer op een avond naar buiten ging om te kijken of het lichtje aan was. Soms, om hem te plagen deed ik het lichtje pas om kwart voor één aan, vlak voor sluitingstijd.

In die tijd hebben we heel veel met elkaar gevreeën. Voor andere dingen was nauwelijks tijd. Om hem nog vaker te kunnen zien, ging ik vaak bij hem langs in de kroeg. Dan zat ik de hele avond aan de bar. In de kroeg wisten ze ook van de situatie. Vaak gingen we, als ik de wekker had gezet, midden in de nacht met een heleboel mensen stappen en kwam ik pas om een uur of vijf thuis. Dan sliep ik nog wat en ging overdag gewoon weer naar mijn werk.

Veel van zijn vrije avonden bracht hij bij mij door. We gingen ook wel een dagje weg. Een dagje naar het strand, of naar de film. Hij adoreerde mij en prees me de hemel in. Ik genoot ervan. Hij was en is zeer loyaal en staat nog steeds altijd voor me klaar. Met Joachim had ik voornamelijk plezier, we waren ondeugend samen. Tegelijkertijd was hij ook verschrikkelijk jaloers. Hij controleerde me als ik in de stad was en betaalde mensen om mij te bespioneren. Als ik een vloeitje vroeg aan een andere man, dan was het huis te klein. Hij kon niet geloven dat ik hem trouw was, terwijl ik zo trouw was als een hond.

Joachim heeft sterk overwogen om zijn vrouw te verlaten. Hij heeft het ook geprobeerd. Twee keer is hij bij haar weggegaan en trok hij bij mij in. Twee keer keerde hij met hangende pootjes terug. Hij miste zijn vrouw en het leven dat hij met haar had. Eigenlijk had hij een goede relatie met haar, ze waren maatjes. Bovendien hadden ze na al die jaren ook nog een goede seksuele relatie. Ze wist wel dat hij af en toe een scheve schaats reed, maar van mij wist ze niets af. Na een paar jaar is ze erachter gekomen. Daarna loog hij tegen zijn vrouw, zei dat het uit was, maar ging gewoon met mij door.

Ze hebben een kind gekregen in de laatste periode dat ik met hem omging. Omdat ik al bezig was met afscheid nemen, was het geen klap. Zijn verregaande jaloezie begon ik verstikkend te vinden. Bovendien was hij seksueel zó door mij geobsedeerd dat ik het niet leuk meer vond. Na vijf jaar zette ik een punt achter de relatie.

De volgende getrouwde man was Bart, een collega. We werkten intensief met elkaar en ik ben langzaam verliefd op hem geworden. Hij was lief en we hadden tijdens het werk veel plezier met elkaar. Ik kon op hem bouwen. Hij was acht jaar jonger dan ik maar toch keek ik tegen hem op. Ik merkte weinig van het leeftijdsverschil, had er geen moeite mee dat hij een vrouw had. Ze hadden een kind en er zijn er daarna nog twee bijgekomen. In de periode dat ik met hem omging, heeft hij getwijfeld of hij zijn vrouw zou verlaten, maar hij heeft het niet gedaan.

Ik heb hem ingewijd in de liefde. De seksuele liefde, er ging een wereld voor hem open. Ik heb er erg van genoten. Hij op zijn beurt kwam altijd met verrassingen. Samen naar België, lunchen in Brussel, logeren in een goed hotel, mee naar Ajax, een concert van Michael Jackson. Hij wilde me nieuwe dingen mee laten maken en was heel zorgzaam. We deden vaak samen boodschappen en daarna kookte hij voor mij. Hij vulde enigszins op wat je mist als je geen relatie hebt. Altijd alleen thuiskomen, altijd voor jezelf koken, nooit de kachel aan als je thuiskomt, niemand die de deur voor je opendoet.

Dat deed hij allemaal. Hij vond het heerlijk om mij te verwennen en ik genoot ervan.

Toch is de intensieve relatie die ik met Bart had, doodgebloed. Hij begon in gewetensnood te komen en bovendien ben ik erg eerlijk ten opzichte van hem geweest. Ik heb hem verteld dat er met mij geen toekomst zou zijn. Ook niet wanneer hij zijn vrouw zou verlaten.

Noch op de vrouw van Joachim noch op de vrouw van Bart was ik jaloers. Ik vond het wel veilig dat er een andere vrouw was. Er was wel sprake van verdriet over de situatie, maar ik vond het erg belangrijk dat ik mijn eigen leven kon blijven leiden.

Merkwaardig genoeg was ik wel jaloers wanneer mijn getrouwde minnaars met andere vrouwen flirtten. Dat ervaarde ik als een bedreiging.

Met beide mannen heb ik al die tijd contact gehouden. Met allebei ging ik, ook nadat de relatie beëindigd was, nog regelmatig naar bed. Met Joachim had ik zelfs nogmaals een zeer intensieve relatie die twee jaar duurde. De contacten liepen door elkaar en dat wisten ze.

Beide mannen voelen zich seksueel nog steeds tot mij aangetrokken. Dat vertroebelt de vriendschap. Tot voor kort ging ik nog steeds met deze twee mannen naar bed, maar dat wil ik niet meer. Ik wil graag vrienden zijn, maar seks leek altijd wel op de eerste plaats te komen.

Ik wil gelukkig zijn zonder de aandacht van beiden. Want dit is een manier waarbij ik mezelf tekort doe. Ik ben het derde wiel aan de fiets. Maar ik vind het moeilijk om nee te zeggen want ik vind ze allebei nog steeds heel lief. Toch ervaar ik het niet meer als een eer dat ze zich tot mij aangetrokken voelen.

Allebei de mannen zijn lief en zorgzaam voor me geweest. Ze waren voor mij een houvast. In moeilijke tijden – en die waren er, ik ben twee keer overspannen geweest – stonden ze altijd voor me klaar. Met name Joachim kwam naar me toe met manden vol boodschappen. Verder hielp hij me toen mijn huis werd verbouwd.

Ik heb met allebei onbezorgd veel plezier gehad. Maar een kinderhand, mijn kinderhand, is gauw gevuld. Een wandeling door het park vond ik al heel romantisch, achterop de fiets naar de bioscoop met mijn armen om hem heen met mijn hoofd tegen zijn rug, het was allemaal geweldig voor me.

Ik stond open voor het krijgen van een kind, maar vind het geen ramp dat het niet is gebeurd. Wel droomde ik van een goede partner. Deze droom ben ik langzaam aan het opgeven. Ik realiseer me dat het, naarmate ik ouder word, steeds moeilijker wordt om met iemand samen te wonen. Het idee van een vaste partner voor wie ik veel van mijn eigen leven op zou moeten geven, benauwt me.

Onlangs heb ik een relatie van ongeveer vijf jaar afgesloten met een collega, Mitchell, een getrouwde man. Hij had een vrouw met wie hij een slechte relatie had en een kind. We vonden elkaar erg leuk, maar een echte relatie is het niet geworden. Het werd een verhouding waarbij hij mij afstootte en weer aantrok. Voor hem heb ik keihard gevochten en uiteindelijk niet gekregen waar ik zo naar verlangde, namelijk een vertrouwensband en onvoorwaardelijke liefde. Ik wilde hem veranderen, ik wilde hem helpen, ik wilde zijn aandacht en tegelijk werd ik gekweld door zijn houding. Ik probeerde bevestiging bij hem te halen en wilde van hem horen dat ik de moeite waard was. Dat deed hij allemaal niet.

Het was geen vriendschap, maar het was ook geen liefdesrelatie; het lukte ons niet om een echte verbintenis aan te gaan.

Zo open als ik ben, zo gesloten was hij. Hij was ongelukkig, zat met zichzelf in de knoop en wist niet wat hij wilde. Ik heb erg mijn best gedaan om leuk en aardig gevonden te worden.

Ik heb vurig gewenst dat Mitchell van zijn vrouw afging. Maar niet vanwege mij. Ik wilde graag dat hij het voor zichzelf deed om vanuit die situatie te bekijken hoe we verder met elkaar konden. Van seks is nauwelijks sprake geweest. Hij kon het niet uit loyaliteit ten opzichte van vrouw en kind. Zijn vrouw weet niet van mij af.

Nu het ook uit is met Mitchell sta ik op het punt in mijn leven waarbij ik me afvraag waarom ik altijd dit soort moeizame relaties heb gehad. Waarom ik altijd mannen heb willen redden of iets in heb willen vullen waarvan ik dacht dat ze het thuis niet kregen. Ik wil gaan begrijpen waarom ik dit soort dingen doe, want langzamerhand begin ik me te realiseren dat ik mezelf tekort heb gedaan. Ik wil me graag openstellen voor iets nieuws maar misschien ben ik wel bang voor iemand die er alleen voor mij is.

Met mijn verstand weet ik het allemaal wel, maar het gevoel werkt anders. Tussen het weten en het doen, gaapt nu nog een enorme kloof. In de nabije toekomst zal ik er alles aan doen om mijn leven een andere wending te geven.'

Herhaling van zetten

Het verleden van de minnaars speelt een rol. Niemand die een relatie aangaat, is neutraal. Iedereen heeft een gekleurd verleden. Ook Valerie. En sommige punten uit haar verleden, hoe klein ook, hebben effect op wie ze op dit moment is. En hoe ze zich ten opzichte van anderen gedraagt. Omdat ook de partnerkeuze gekleurd is door hetzelfde verleden, is het te verklaren dat herhaling intreedt. Waaróm je dan juist voor deze 'moeilijke' mannen kiest, is uiteraard per persoon verschillend.

Vader is afwezig

Wanneer de vader afwezig was in de jeugd van een vrouw, zowel fysiek – hij moest altijd werken – als emotioneel – hij omarmde haar niet –, dan zal deze vrouw vaak een grote zoektocht naar mannen voeren. Aandacht van mannen willen. Sterker nog: uit wetenschappelijk onderzoek blijkt dat bij gezinnen waar meisjes zonder vader opgroeien, de meisjes zo druk bezig zijn met de zoektocht naar een man, dat zij zelfs eerder ongesteld worden. Ze willen dan zo graag aandacht van mannen, dat zij dus eerder geslachtsrijp worden; ze zoeken (onbewust uiteraard) die aandacht dan ook maar in het seksuele. Dit maakt deze meisjes kwetsbaar voor overspel. Aandacht van een man zullen zij eerder 'honoreren'.

Later, als er een man in hun leven bestaat, of als deze vrouw getrouwd is, blijft die honger naar mannelijke aandacht bestaan. Nieuwe aandacht van nieuwe mannen blijft trekken…

Er kan ook een ander scenario plaatshebben. Wanneer de vader niet aanwezig was tijdens de jeugd van een meisje, kan zij het idee krijgen dat 'een man toch nooit aanwezig is'. Dat beïnvloedt de mate van hechting aan een partner. Zij zal zich in dat geval minder snel hechten aan haar man. En als de binding met hem niet goed is, dan is de kans groter dat zij ook vreemdgaat.

Minnares en seks

Als vrouwen eenmaal seks hebben gehad met iemand, hechten zij zich emotioneel. Een man doet dat minder snel; hij kan seks en liefde van elkaar loskoppelen.

Seks is de basis van iedere affaire. Omdat vrouwen zich na die seks hechten aan de man, zijn het ook de vrouwen die de relatie meer gehalte geven. Natuurlijk, de man zal heus om de betreffende minnares geven, of zelfs van haar houden, maar seks is erg belangrijk voor hem Als die stopt, zal de man er ook snel de brui aan geven.

Korte kleine feestjes

Johanna en Huub

'Het leek een beangstigende gedachte te zijn of misschien waren het wel voorspellende woorden: "Geen weduwnaars of getrouwde mannen met kinderen." Dat zei ik tegen mijn vriendin toen ik na een relatie van twaalf jaar alleen kwam te staan. Ik was voor het eerst van mijn leven vrijgezel en ik kon doen en laten wat ik wilde. Ik had geen enkele behoefte aan een relatie, ik wilde een periode op mezelf zijn, ik wilde genieten van mijn vrijheid. Ik had een *lover* met wie ik geen enkele serieuze bedoeling had en dat was nieuw. Ik genoot ervan. Het liep allemaal anders.

We hadden al zes jaar met elkaar gewerkt zonder dat er iets aan de hand was. Het contact was altijd van zakelijke aard geweest. We vonden elkaar leuk, dat wel. De traditie was dat we één keer per jaar samen uit eten gingen om het jaar af te sluiten. Heel langzaam groeide de interesse en daarbij de fysieke aantrekkingskracht. Op een middag bij een feestelijke gelegenheid vanwege de bruiloft van een collega, kon ik als het ware de haartjes op zijn arm voelen, zo dicht stond hij bij me.
Een paar weken na dit feest liet hij me na een werkbespreking merken dat hij zeer in me geïnteresseerd was: jammer dat hij geen vrijgezel was. Deze bekentenis bracht me van mijn stuk want ik wist dat Huub getrouwd was en twee jonge kinderen had. Zijn vrouw was geen onbekende voor me, tijdens mijn vo-

rige relatie had ik haar weleens ontmoet. Bovendien was Huub mijn baas. Ik wist me er geen raad mee. Ik vond hem spannend en aantrekkelijk, maar de boodschap was duidelijk genoeg: "Ik wil wel, maar het kan niet." Hij was een verlegen man ten opzichte van vrouwen, dus ik verwachtte niet dat Huub iets zou ondernemen na deze mededeling.

Kort daarop, inmiddels al weer elf jaar geleden, was het weer tijd voor het jaarlijkse etentje met z'n tweeën. Hij belde me op met de vraag of we in mijn woonplaats een hapje konden eten, hij moest die dag toch in de buurt zijn.

Ik zag hem van verre aan komen rijden. Spannend. Voor het eerst liet ik hem binnen in mijn huis. We zijn uit eten gegaan en babbelden wat, vrij neutraal en oppervlakkig. Tot het moment dat ik hem vertelde dat ik op salsales zat en dat ik een leuke zeer ongecompliceerde relatie zonder toekomstplannen had met de leukste jongen van de klas.

Tot mijn verbazing zag ik hem groen worden. Ik bleef heel terughoudend.

Na het etentje ging hij mee naar mijn huis om nog wat te drinken en vroeg of ik naast hem op de bank kwam zitten. Na een tijdje gebeurde het onvermijdelijke: we begonnen elkaar te kussen. Vanaf dat moment waren we verloren. Het hek was van de dam. Hij is blijven slapen.

Het was vreemd wakker worden. Ik heb de volgende ochtend lange tijd stomverbaasd naar hem liggen kijken.

Ik ben in mijn auto naar mijn werk gegaan. Totaal in de war. De weg naar mijn werk kon ik wel dromen, maar toch reed ik verkeerd omdat ik een afslag miste.

Huub reed de dijk bij mijn huis af, al toeterend, van blijdschap. Stapelverliefd, allebei.

De situatie was ingewikkeld. Huub moest nog twee dagen werken en daarna zou hij vier weken op vakantie gaan met zijn gezin. Ik zou daaropvolgend drie weken weggaan met een vriendin. Dit betekende dat we elkaar zeven weken niet zouden zien. In de twee dagen die ons nog restten was er niet veel mogelijk. We deden verliefde briefjes in elkaars postvakje.

Huub was duidelijk geweest: "Ik ga niet bij mijn kinderen weg." Maar over de relatie met zijn vrouw zei hij niets. Huub wilde meteen al een afspraak maken voor na de vakantie zodat hij in ieder geval kon beginnen met het aftellen van de dagen.

Ikzelf was stapelverliefd en totaal in de war. Er kwamen allerlei vragen in mij op. Hoe moet het allemaal verder? Is hij ook verliefd op mij? Wat voor een relatie heeft hij eigenlijk met zijn vrouw? Wat is er aan de hand met die twee? Wat kan ik verwachten? Wat gaat er gebeuren in september wanneer we elkaar weer zien?

Mijn gevoel voor hem was sterk en ging verder dan een verliefd verlangen. Hij had mij op een heel essentieel punt geraakt. Ik was totaal verloren.

In de drie weken dat ik met mijn vriendin op vakantie was heb ik het alleen maar over hem gehad. 's Avonds keek ik eindeloos naar de sterrenhemel en vroeg me af of hij mij ook zo miste... Toen ik eindelijk na al die weken weer terug was, vond ik een briefje in mijn postvakje met de tekst: Je bent mijn meest geliefde last.

De eerste ontmoeting op een terras was zeer onwennig. Toen ik hem vroeg hoe zijn vakantie was geweest en hij zei: "Je was iedere dag bij me," viel er een spanning van me af. We kusten elkaar en maakten een nieuwe afspraak.

We zagen elkaar in het eerste jaar onregelmatig, daarna ongeveer wekelijks. Er tussendoor genoten we van gestolen uurtjes: een hapje eten, samen iets drinken. Dan waren we weer helemaal gelukkig. Op het werk zagen we elkaar natuurlijk ook, dan was de spanning enorm, alleen niemand wist ervan.

In mijn omgeving heb ik het alleen aan een paar vriendinnen verteld. Huub vertelde het aan niemand.

Voor de buitenwereld had ik een vrijgezellenstatus maar de werkelijkheid was anders: ik had een geliefde van wie ik hield. Ik dwong mezelf om niet te trekken of aan te dringen. Ik respecteerde waar hij zijn grenzen legde.

Over zijn relatie met zijn vrouw vroeg ik niets. En hij vertelde niets. Ik had er natuurlijk wel mijn gedachten en fantasieën over. De behoefte om er iets over te weten groeide. Ze was een mooie, aantrekkelijke vrouw met interessant werk. Maar wel vormelijk.

Het eerste jaar waren er nauwelijks problemen, ik genoot van de momenten. Maar na verloop van tijd was er ook pijn. Onmacht. Ik vroeg me af waarom ik dit kon, waarom ik dit deed, waarom ik dit wilde. Het liefst had ik de liefde van de daken willen schreeuwen. Waarom zette ik mezelf vast in deze destructieve, misschien wel verslavende relatie?

Wanneer we samen waren was het weliswaar altijd feest, maar daarna was het weer voorbij, was het verlangen en aftellen. Ik voelde me vaak eenzaam. Bovendien begon ik te beseffen dat deze vorm niet goed voor me was. Ik wilde geen kruimels. Ik wilde niet af en toe een feestje, ik wilde een echte relatie met deze man.

Vaak voelde ik me verloren maar ik praatte er niet over met hem. Als we samen waren, was het alsof zijn gezin niet bestond, alsof er geen problemen waren.

We deelden de lusten en niet de lasten, dat hebben we vermeden. In de korte tijd die we hadden, wilde ik hem niet confronteren met mijn problemen. Ik was bang hem daardoor kwijt te raken en bovendien wilde ik hem beschermen, hij had het al zo moeilijk. Achteraf denk ik dat ik mezelf geweld heb aangedaan. Ik moest mezelf dwingen om genoegen te nemen met wat er wél was. Maar dat was mijn verstand, mijn gevoel zei heel andere dingen.

Voor Huub lag het probleem anders. Hij wilde zijn kinderen niet kwijt en vertelde niets over de moeilijkheden thuis. Wel begon hij me brieven te schrijven. In die brieven durfde hij eerlijker te zijn en schreef hij wat meer over het leven met zijn gezin.

Ikzelf had ook een relatie achter de rug. Vanaf mijn tweeëntwintigste tot mijn vierendertigste heb ik samengewoond. In eerste instantie was het een stevige relatie, deden we alles samen. Toch zijn we uit elkaar gegroeid. Toen na onderzoek bleek dat mijn vriend geen kinderen kon krijgen, ging het bergafwaarts tussen ons. We werden allebei eenzaam en verdrietig. Ik wilde erover praten, maar dat kon of wilde hij niet. Met pijn in het hart zijn we uit elkaar gegaan.

Een jaar na mijn eerste ontmoeting met Huub ging ik vier weken op reis met een vriendin. Voor Huub was het moeilijk. Af en toe stuurde hij een fax naar het hotel waar ik logeerde.
Tijdens die reis kreeg ik een vakantieliefde. Ik kreeg zelfs een relatie met deze man. Mijn behoefte aan een bereikbare liefde was groot geworden, daarom wilde ik deze nieuwe liefde een kans geven. Huub was er kapot van en heeft vreselijk gehuild. Toen realiseerde hij zich pas hoeveel hij van mij hield. Voor het eerst overwoog hij om zijn vrouw te verlaten. Alleen dat vertelde hij aan niemand, ook niet aan mij.
We zagen elkaar weinig. Maar we konden het niet laten elkaar signaaltjes te geven. Een boek, een cd, een brief. Allemaal over de liefde. Als ik onderweg was naar Amsterdam, waar mijn nieuwe vriend woonde en ik luisterde naar het nummer van Paul de Leeuw: *Ik heb je lief*, zat ik aan één stuk door te huilen. Om Huub. Uiteindelijk heb ik de relatie met mijn nieuwe vriend verbroken. Ik realiseerde me dat het een poging was om uit te breken, dat het niets zou worden tussen ons omdat mijn gedachten bij Huub waren. Ik hoopte op verandering en mijn nieuwe vriend ook. Dat is niet gebeurd.

Spoedig daarna zocht ik weer contact met Huub. Op het werk zag ik hem nauwelijks meer want ik was verhuisd naar een andere afdeling in een ander gebouw van het bedrijf.

Toen begon alles weer van voren af aan. Ik was blij met alles wat ik kreeg en probeerde niet te trekken. Huub greep ieder moment aan om me te zien. Hij kon ineens veel vaker een afspraak maken en begon ook meer risico's te nemen. Daardoor werd de relatie intensiever. Hij deed echt zijn best. Lieve kleine attenties, een briefje onder mijn ruitenwisser met een bosje bloemen. Op mijn verjaardag kwam er een enorme bos rozen.

In die tijd begon het sms'en via de mobiele telefoon. Dat was een uitkomst voor onze geheime relatie. Eindelijk kon ik ook contact met hem opnemen. Kort erop kon ik met hem mailen. Er ging een wereld voor me open. Ik voelde me ietsje minder machteloos.

Ook de voicemail was heerlijk voor mij. Wanneer ik naar huis reed verheugde ik me erop, dan wist ik dat er een berichtje op mijn antwoordapparaat stond. Soms, als ik hem miste, luisterde ik de hele avond zijn bericht af. Iedere keer weer, tot ik aan het eind van de avond zijn teksten wel kon dromen.

Op een dag liet hij per ongeluk zijn sjaal hangen. Heerlijk vond ik het want zijn geur zat er in. Het liefst wilde ik dat hij die sjaal voor altijd liet hangen zodat ik hem ieder moment van de dag even kon ruiken.

Verder gaven we elkaar cassettebandjes met liefdesliedjes. Ze waren een troost. Regelmatig zette ik zo'n bandje op, steeds opnieuw en dan ging ik een uur lang alleen maar huilen, tranen met tuiten. Nu nog steeds, wanneer ik de eerste tonen van die liedjes hoor, krijg ik kramp in mijn maag. Ach, in die tijd zagen we alleen elkaars leuke kanten. Heel verraderlijk.

Om het evenwicht van de moeizame relatie enigszins te herstellen, ging ik meer leuke dingen doen in de hoop dat Huub minder belangrijk zou worden. Ik ging op toneelles en maakte grote reizen. Ik deed stoere spannende dingen waar ik naar uitkeek. Ik zocht een evenwicht, een balans. Maar misschien was het ook wel een vlucht. Ik wilde niet te veel voelen.

Dat jaar zag ik Huub vaker, ook in het weekend.

Toch deed ik een paar serieuze pogingen ermee op te houden. Het is me niet gelukt.

De millenniumwisseling heb ik gevierd in Rome. Ik stond voor het Forum Romanum en heb het jaar 2000 uitgeroepen als het jaar van de waarheid, mijn waarheid. Op dat moment, op die plek voelde ik een grote kracht in me bovenkomen.

Kort erop gingen we samen naar een auralezeres, een helderziende. Deze vrouw heeft een sterke band tussen ons waargenomen. Ze stelde Huub vragen over thuis. Iets wat ik altijd angstvallig had vermeden. Eindelijk hoorde ik iets over de relatie met zijn vrouw. Er bleek nauwelijks een emotionele band te bestaan, alleen maar kou. Wel was er sprake van een zeker evenwicht en daar geloofden ze beiden in.

Dit bezoek heeft bij mij een omwenteling teweeggebracht.

Aan de ene kant: zie je wel dat we voor elkaar bestemd zijn. Aan de andere kant het besef: dit kan niet nog jaren duren. Huub zal er niet mee stoppen. Dan zal ik het zelf moeten doen.

Vanaf dat moment legde ik me niet meer bij zijn visie neer. Wanneer Huub zei: "Ik kan mijn gezin niet in de steek laten," ging ik ertegen in. "Het kan wel." Ik had er geen enkele twijfel meer over. Bovendien kwam ik naar buiten met mijn verdriet. Dit had tot gevolg dat Huub emotioneel steeds dichter bij me kwam te staan. Uiteindelijk liet ik hem zien dat ik ziek werd van dit stiekeme gedoe, van deze uitzichtloze situatie, dat ik het niet meer kon. Ik begon tekenen van destructie te vertonen, dronk te veel wijn en ging te laat naar bed.

In de zomer, toen Huub weer met zijn gezin op vakantie zou gaan, nam ik een besluit. Ik vond dat hij een keuze moest maken. "Ik kan niet meer," zei ik. "Ik wil met jou verder en als dat niet lukt, moeten we stoppen. Ik wil niets meer van je horen tot je weet wat je wilt."

Het was een ingrijpende beslissing. Voor mij, maar vooral voor Huub. Het idee om zijn kinderen te moeten verlaten was tergend voor hem. Hij kwam uit een gelovig en zeer moralistisch gezin, dit betekende dat hij zijn principes los moest laten.

Eigenlijk verwachtte ik dat hij niet voor mij zou kiezen. Een onverdraaglijke gedachte. Om mezelf te beschermen had ik zelfs al een therapeut geregeld.

Maar het is allemaal heel anders gelopen.

Midden in de zomer, op mijn verjaardag belde hij. De vakantie was verschrikkelijk, vertelde hij en zijn huwelijk stond op springen.

Toen hij terug was, bleek dat hij nog niets over onze relatie aan zijn vrouw had verteld. Op mijn aandringen heeft hij het uiteindelijk gedaan. Na deze bekentenis was het duidelijk dat hij zich los moest maken. Hij is op zoek gegaan naar een ander huis en ging er af en toe een paar dagen wonen. Zijn vrouw reageerde heftig en had veel verdriet. Ik had erg met haar te doen.

Tegen mij werd hij openhartiger. Maar ik was niet alleen nog maar lief en aardig, en eiste dat hij vertelde wat er gaande was. Ik wilde duidelijkheid, concrete acties, ik wilde Kerst met hem vieren. Het ging me niet snel genoeg. Hij logeerde weliswaar af en toe in zijn nieuwe woning maar hij verhuisde er niet naartoe, zijn koffer bleef ingepakt.

Ik begon te twijfelen. Waar begin ik aan? Wat doet hij er lang over om de echte stap te zetten. Heeft hij de knoop inderdaad doorgehakt? Hoeveel invloed heeft zij nog op hem?

Inmiddels wist iedereen ervan. Huub kreeg zijn hele familie tegen zich en ook zijn vrienden.

We hebben Kerst niet samen doorgebracht.

Na alle feestdagen ging Huub eindelijk verhuizen.

De roze wolk bleef uit. We konden niet blij zijn en van elkaar genieten. Er was te veel verdriet.

Het werd een bizarre periode. Mijn vader werd ernstig ziek en overleed. Voor mij was het een troost dat ik in die moeilijke periode een partner had en dat Huub op de rouwkaart stond.

In diezelfde periode ontmoette ik zijn kinderen voor het eerst. Een jongen van negen en een meisje van elf. Het contact verliep behoorlijk stroef. Die zomer gingen we met de kinderen op vakantie. Vooral zijn dochter had het moeilijk. Met zijn zoon verliep het contact wat makkelijker.

Eind dat jaar kochten we een huis en zijn we gaan samenwonen, op fietsafstand van het huis waar de kinderen met hun moeder woonden.

In zijn familie werd ik aanvankelijk niet geaccepteerd. Met Sinterklaas kreeg ik een heel venijnig gedicht van een familielid. Iedereen was zeer loyaal ten opzichte van zijn ex.

Met zijn familie is het geleidelijk aan goed gekomen. Met zijn vrienden niet. Ze hebben allemaal afgehaakt.

Vanaf het begin van onze relatie was Huub seksueel uitgehongerd. Ondervoed, zo noemde ik dat. Dat was de reden dat ik me in de rol van minnares supersterk en machtig voelde. Ik heb dan ook lange tijd gedacht dat seks de essentie voor hem was. Achteraf heeft hij me dat erg kwalijk genomen. Erg veel meer terrein had ik niet. Ik verleidde hem, hij hoefde niets te doen. Het waren feestjes voor hem. De seksuele band tussen ons was vanaf het begin enorm sterk.

Toen de minnaressenrol overging in de rol van gelijkwaardige partner, veranderde dit. Immers, wanneer het geheim wegvalt, veranderen de rollen. Dat was in eerste instantie lastig voor ons beiden. Maar na verloop van tijd ontstond er een nieuw evenwicht en bloeide ons seksleven weer op.

In deze nieuwe periode dachten we nog even aan kinderen. Ik was op een leeftijd dat het nog kon. Het krijgen van kinderen was voor mij altijd vanzelfsprekend geweest. Maar in deze verwarrende fase zag ik het niet meer voor me. Huub, meer dan tien jaar ouder dan ik, vond zichzelf te oud. Al vrij snel kwamen we tot de conclusie dat het niet verstandig was. Pas later had ik er verdriet over. Nu heb ik er vrede mee.

We investeerden allebei heel veel in het contact met zijn kinderen. Zij stonden centraal. Ze waren dan ook vaak bij ons, ongeveer de helft van de tijd. Zijn dochter bleek grote problemen te hebben met de verandering in haar leven. Ze had last van een loyaliteitsconflict en hield afstand van mij. Niet van haar vader, haar vader was haar alles en zij was zijn prinses. Ik vermoed dat ze het heel zwaar had, dat ze klem heeft gezeten. Ze was ook jaloers. Als we hand-in-hand liepen of wanneer Huub iets te dicht bij mij stond dan kwam ze er letterlijk tussen. Als we drie zinnen met elkaar wisselden dan eiste ze zijn aandacht op. Toch merkte ik af en toe dat ze me leuk vond.

Met de zoon waren minder problemen. In de loop van de tijd kon ik zelfs mijn steentje bijdragen wat betreft de opvoeding. Dat was bij zijn dochter niet mogelijk. Huub zorgde goed voor zijn ex. Hij wilde niet dat ze nog meer te lijden had. Het leek erop dat hij nog niet los was van haar. Toch verliep het contact met haar moeilijk, meestal via briefjes. Vrij snel na hun breuk kreeg ook zijn ex-vrouw een relatie. Helaas, het contact werd er niet beter door.

Na een paar jaar werd het ook moeilijk tussen Huub en mij. Ik kreeg huilbuien en woedeaanvallen. Dacht: waar ben ik in terechtgekomen? Hoe belangrijk ben ik eigenlijk? Wil ik dit eigenlijk wel? Ik wil ook een keer dat hij nee zegt tegen de kinderen en ja tegen mij... Ik realiseerde me dat ik nog steeds op het tweede plan stond. Op het moment dat zij de deur binnenstapten, was ik mijn man kwijt, Huub werd alleen maar vader. Ik voelde me vaak alleen, was voortdurend bezig met het steunen van hem. Zijn problemen stonden centraal, de scheiding, het verdriet om de kinderen, de problemen met zijn ex, met vrienden en familieleden. Huub stond er helemaal niet bij stil hoe dit allemaal voor mij was. Hierdoor raakten we van elkaar verwijderd.

De scheiding was een slepende zaak en zijn vrouw kreeg een torenhoge alimentatie en hoefde maar een kik te geven en hij regelde het weer voor haar. Ik had ook kritiek op zijn stijl van opvoeden. De kinderen zaten op een troon en daar was ik het niet mee eens. Bovendien kon ik mijn plek in huis niet vinden. Voor mijn gevoel liepen er altijd overal kinderen.

Ik was in deze situatie de aanklager en ben aan de bel gaan trekken. Het pakte goed uit. We kregen intensieve gesprekken en kwamen tot de conclusie dat het welzijn van de kinderen voorop had gestaan en dat we te weinig aandacht voor elkaar hadden gehad. Er werden oude koeien uit de sloot gehaald en het oude zeer werd opgeruimd. Achteraf realiseerde ik me pas dat ik dat eerder had moeten doen, ik had sneller mijn onvrede moeten uiten. Ik had minder mijn best moeten doen.

Geleidelijk aan veranderde het een en ander. De vrede in huis keerde weer terug. Ik voelde me niet meer eenzaam in de relatie. Aan de kinderen durfde Huub te laten zien hoe belangrijk ik voor hem was. Onze inzet voor de kinderen is er niet minder door geworden.

Zijn dochter is intussen wat ouder geworden, het gaat goed met haar. Inmiddels kunnen we goed met elkaar opschieten. Ze zoekt me zelfs af en toe op voor gesprekken en goede raad.

Huub is blij en dankbaar met de inzet die ik heb voor zijn kinderen.

Toen we onder ogen zagen dat onze situatie zeer ingewikkeld was, hebben we hulp gezocht en zijn we in therapie gegaan. Immers, veel nieuwe relaties waarbij kinderen zijn betrokken, stranden. Het is een goede keuze geweest, het heeft ons enorm geholpen.

De jaren die achter ons liggen zijn zwaar geweest, maar ik heb geen spijt van mijn keuze. We kwamen uit een geheime situatie met korte kleine feestjes, die heerlijk waren, maar van echte intimiteit was geen sprake. Het was meer een droomvlucht.

Nu pas, als gelijkwaardige partners, komen we toe aan de echte intimiteit, met behoud van onze vrijheid. We voelen ons veilig genoeg om niet alleen lief, maar ook leed te durven en te willen delen.'

Samenwonen: nieuwe rol voor partners

Als de verliefdheid over is, dan pas kunnen mensen elkaar echt leren kennen. Toen pas konden Johanna en Huub erachter komen of ze de juiste partner hadden gekozen. In die fase is de keuze meer gebaseerd op realiteit. Niet op inbeelding. De beste remedie tegen de droom van de buitenechtelijke relatie is dus een echte relatie.

Huub heeft onder druk deze beslissing moeten nemen, immers: Johanna stelde een ultimatum. Huub moest eerst zijn eigen weg vinden. De meeste mannen die om een minnares besluiten van hun vrouw af te gaan, gaan eerst op zichzelf wonen. Zo ook Huub. In deze periode kon hij het pijnlijke proces van zijn scheiding verwerken. Het is noodzakelijk dit alleen te doen, anders word je al snel positief afgeleid door gezelligheid en heb je geen tijd om je individuele pijn te verwerken. Bovendien is het voor de kinderen van de man beter om niet meteen met de minnares te moeten wonen, en daarmee meteen hun vader te moeten 'delen'.

Johanna en Huub gingen na deze korte periode samenwonen. Nu moet ook de 'nieuwe' relatie geherdefinieerd worden. Want de niet-leuke dingen (in het leven) van Huub worden nu ook onderdeel van Johanna's leven, zoals de perikelen met zijn ex-vrouw en met zijn kinderen. Dagelijkse problemen zijn in een buitenechtelijke relatie nog wel vol te houden – je ziet elkaar relatief kort, en je kunt eromheen manoeuvreren – in een relatie moet je het samen oplossen.

Bij veel vrouwen in dezelfde situatie als Johanna zal de volgende vraag opspelen: bij zijn vorige vrouw ging hij vreemd, zal hij dit nu ook bij mij gaan doen? Ofwel: kan ik hem wel echt vertrouwen?

Samenwonen met een oud-minnaar (m/v) wordt in de meeste gevallen overigens een enorme teleurstelling. Uit onderzoek blijkt namelijk dat een dergelijke relatie maar 15% kans van slagen heeft. Ook uit de ervaringen van Huub en Johanna blijkt dat het heel moeilijk is om de omslag te maken van minna(a)r(es) naar 'hoofdgeliefde', zowel voor de man als voor de vrouw.

Alleen gestolen uurtjes

Lisa

'Nu blijf ik mijn leven lang alleen, dacht ik toen we gingen scheiden en dat was ongeveer het ergste wat me kon overkomen. Eigenlijk snapte ik er helemaal niets van. We hadden nooit ruzie en bovendien vreeën we nog met elkaar. Toch was dat het einde van de relatie, ons huwelijk had zes jaar geduurd.

Ik was twintig toen ik Edwin ontmoette. Hij was mijn eerste serieuze vriendje. Hij was een mooie man en was lief voor me. Toch heb ik jaren getwijfeld of hij wel de juiste persoon was om mee te trouwen. In mijn ogen was hij niet sterk genoeg, hij had geen ruggegraat. Maar uiteindelijk heb ik de knoop doorgehakt. We trouwden toen ik vierentwintig was.

Na een half jaar begon ik het gesprek te missen, we praatten nauwelijks met elkaar, hij leek er geen geduld voor te hebben. Ik vergoelijkte het, praatte daarom maar met mijn zusje en met mijn vriendinnen en dacht: je kunt niet alles hebben. Maar eigenlijk had ik gewoon geen contact met hem. Zo leefden we verder.

Op een zondagmiddag, hij lag op de bank, vroeg ik in een opwelling of hij gelukkig was. Tot mijn grote verbijstering zei hij: "Nee." Het was een klap in mijn gezicht.

Hij vertelde niet waarom hij ongelukkig was. Daarna probeerde ik met hem te praten. Ik probeerde met hem te zwijgen. Ik ging boeken lezen om hem te begrijpen. Ik werd kwaad. Niets hielp.

Ik vroeg of er een ander was. Dat was niet het geval. Toen zette ik hem voor het blok: Of het is uit tussen ons, of we gaan professionele hulp zoeken. We kozen voor het laatste en kwamen bij een psychiater terecht.

Ik borrelde over van alles wat me dwarszat. Edwin vertelde niets. Bij een gezamenlijke afspraak zei de psychiater dat hij het gevoel had dat een van de twee zich sterk vergiste in de ander. Uiteindelijk bleek dat ik in huis woonde met een man die ik helemaal niet kende en die een heel ander leven leidde dan ik dacht.

We zijn uit elkaar gegaan, dat leek ons het beste. Op aandringen van zijn moeder heeft hij het een week daarna aangedurfd om me te vertellen dat hij sinds tweeënhalf jaar een relatie had met iemand anders. Later hoorde ik dat hij, nadat hij een half jaar met mij getrouwd was, al vreemdging. Dat is hij blijven doen. Ook in zijn volgende huwelijk.

Het was een enorme dreun voor me. Ondanks het feit dat ik weinig aan hem had. Ik was er kapot van en heb zeven jaar nodig gehad om het te verwerken. Vreemd genoeg ben ik altijd van mijn ex-man blijven dromen. Dat hij bij me terugkwam en dat hij ook weer wegging en altijd was ik weer verdrietig. Waar ik toen zo bang voor was, is inderdaad gebeurd. Er is geen man voor in de plaats gekomen. Ik ontmoette wel mannen en ze vonden me vaak ook leuk, maar ze hadden nooit serieuze bedoelingen. Na mijn scheiding heb ik een aantal vaste vrienden gehad, maar de meesten waren getrouwd of hadden een relatie.

Na de klap van de scheiding had ik er geen moeite mee iets met een getrouwde man te beginnen. Vóór mijn huwelijk hield ik altijd rekening met de vrouw wanneer een getrouwde man aandacht aan mij schonk. Dat was voorbij. Want iemand had mijn man afgepikt en daarna had ik geen zin om braaf thuis te gaan zitten. Die man gaat toch wel vreemd. Als ik het niet ben dan is er wel een andere vrouw.

Een getrouwde man was dus voor mij geen enkel probleem meer. Wel zette ik alles in het werk om ervoor te zorgen dat de vrouw er niet achter kwam. Ik was altijd erg voorzichtig.

Een aantal jaren lang had ik een vriend met wie ik regelmatig vree, een vrijvriendje. Tussen de afspraken door had ik ook andere vriendjes. Ik kon heel goed met hem opschieten, maar een serieuze relatie zat er niet in want hij had een vriendin. Hij is nog steeds een goede vriend, alleen nu zonder seks.

Na een aantal jaren ontmoette ik iemand tijdens een wintersportvakantie. We flirtten wat en aten wat en hadden leuke gesprekken. Hij vertelde meteen dat hij samenwoonde en een kind had.

Toen ik terug was, belde hij me tot mijn stomme verbazing op. Via ingewikkelde kanalen was hij mijn telefoonnummer te weten gekomen. We maakten een afspraak, gingen uit eten en ik werd in de watten gelegd.

Ik werd eindelijk weer verliefd. Het was een opluchting, na al die jaren. Maar het was meteen duidelijk dat hij nooit bij zijn vriendin weg zou gaan vanwege hun kind.

Het was lang geleden dat ik iemand zo leuk vond. Dat hij een vriendin had, nam ik op de koop toe.

Ik vond het jammer, maar accepteerde het. Wanneer hij merkte dat ik te veel naar hem verlangde, zette hij me altijd op mijn plaats. Over zijn relatie thuis sprak ik nooit met hem. Ik vond het niet respectvol ten opzichte van zijn relatie. Kennelijk kan ik goed omgaan met deze realiteit.

Mijn vriendinnen waarschuwden me: "Doe het toch niet, het gaat je pijn doen." Ik deed het toch, want ik was verliefd. Ik dacht: straks ben ik tachtig en dan heb ik me keurig gedragen, maar ook wel wat gemist. Bovendien ben ik heel erg knuffelig aangelegd, ik hou enorm van vrijen. Dat miste ik in mijn leven en dat wilde ik graag met deze man bij wie ik passie voelde.

Drie jaar lang ging ik met hem om. Toen maakte ik het uit.

De reden was dat hij ging trouwen vanwege het kind. In zijn ogen zou er niets tussen hem en mij veranderen, maar ik vond het niet meer passen.

Daarna kwam ik niemand meer tegen die ik leuk vond. Ik zette een advertentie en kreeg vijfenzeventig reacties. Ik koos er zeven uit, maar het werd niets, niet meer dan een leuke afleiding. Ik begon me erbij neer te leggen dat ik niemand meer zou ontmoeten. Ik was inmiddels vijfenveertig jaar geworden.

Het is me toch weer overkomen, toen ik rond de vijftig was, weer tijdens de wintersport, weer een getrouwde man. Ik was er met een groep mensen en had het reuze naar mijn zin. Toen ik weer thuis was werd ik opgebeld door een volkomen onbekende man. Het bleek iemand te zijn die mij had gadegeslagen in het hotel tijdens de vakantie. Hij was er met vrouw en kinderen. Hij vond me mooi en interessant en wilde me graag ontmoeten.

Ik stond perplex, maar was meteen geïnteresseerd, alleen al vanwege zijn stem. Mijn vriendin die op dat moment bij me was vond het maar niets, alweer een getrouwde man. Maar ik was vastbesloten, wilde hem zien en maakte een afspraak met hem.

Ik had geen idee wat me te wachten stond, maar toen ik hem zag voelde ik me meteen tot hem aangetrokken. We zijn uit eten gegaan en ik werd stapelverliefd, geneerde me ervoor, verliefd te zijn op een man die ik nauwelijks kende.

We zijn naar mijn huis gegaan en begonnen elkaar meteen te zoenen. Hij vertelde me nogmaals dat hij getrouwd was en dat hij een goed huwelijk had.

Ik heb toen tegen hem gezegd dat ik hem ook weer los zou laten. En dat is gebeurd. We zijn drie maanden lang zeer intensief met elkaar omgegaan. We waren allebei verschrikkelijk verliefd. Hij belde me iedere dag om de haverklap en vertelde me dat het voor het eerst was. Dat hij weleens een vrouw leuk had gevonden maar dat hij nooit vreemd was gegaan.

Na drie maanden begon hij schuldgevoelens te krijgen. Hij begon te beseffen dat het niet slim was waar hij mee bezig was. Hij zou mij ongelukkig maken, zijn vrouw, zijn kinderen en uiteindelijk ook zichzelf. Ik realiseerde me dat het tijd werd om ermee op te houden. We zagen elkaar minder vaak en na een half jaar zijn we helemaal gestopt.

Ik begreep heel goed dat hij niet gelukkig zou worden wanneer hij vrouw en kinderen in de steek zou laten. Ik ben erg blij dat ik hem ontmoet heb, ook al heeft het maar kort geduurd. Ik had het nooit willen missen. We hebben geen contact meer, maar ik denk vaak aan hem terug, altijd met veel genegenheid.

Ik kan niet verklaren waarom ik altijd een relatie krijg met een getrouwde man. Het liefst had ik na mijn scheiding iemand ontmoet met wie ik echt een relatie op kon bouwen en kinderen krijgen. Of er sprake is van bindingsangst weet ik niet. Uiteindelijk ben ik op onbetrouwbare, getrouwde mannen gevallen. Toch denk ik dat hun vrouwen een goede man hebben. Verder denk ik dat die vrouwen ervan overtuigd zijn dat hun man niet vreemdgaat. Voor mij is dat ook niet zo belangrijk. Mijn relatie met hen had in een bepaald opzicht weinig diepgang. Per slot van rekening waren ze met iemand anders getrouwd. Ik heb ze gewoon even geleend.

Mijn eigen vader was een goede betrouwbare huisvader. Ik weet niet of hij vreemdging. Er is geen man meer voor wie ik mijn hand in het vuur zou steken. Ook niet voor mijn eigen vader.

Inmiddels heb ik me erbij neergelegd dat ik alleen ben. Ik heb geleerd om alleen te leven en me toch waardig te voelen.

Ik heb twee katten genomen omdat ik er gek van werd dat er niets of niemand in huis was om mee te knuffelen. Per slot van rekening is er na mijn huwelijk nooit meer een man geweest die vierentwintig uur achter elkaar bij me is gebleven.

Toch hoop ik in de toekomst iemand te ontmoeten met wie ik

mijn leven kan delen. Ik verlang naar een echte relatie, iemand die bij me hoort, met wie ik op vakantie kan gaan.

Nu probeer ik het een en ander via internet, maar het lukt niet erg. Ik heb met diverse mannen een afspraak gemaakt, ik vind ze aardig, maar meer ook niet.

Behalve mijn ex-man heb ik eigenlijk alleen maar verboden lief-des gekend. Die waren geweldig. Misschien wel omdat ze verbo-den waren. Ach, het waren altijd gestolen uurtjes, dan vind je het leuk om bij elkaar te zijn en om er zo veel mogelijk van te genieten. Mijn eerste behoeftes werden ingevuld, meer niet. Ik heb genoegen genomen met een strohalm.'

Motieven van een minnares

Iedere vrouw is op zoek naar intimiteit. Ook Lisa. Ze vraagt zich af waar-om zij altijd valt op mannen die al een relatie hebben. Een aantal oorza-ken kan hieraan ten grondslag liggen.

Mannen en vrouwen met een gebrek aan zelfvertrouwen zijn eerder gevoelig voor vreemdgaan. Wanneer je namelijk aandacht krijgt van ie-mand, voel je je ego groeien. Als de aandacht 'gedeeld' moet worden in het geval van een minnares, hoeft dat helemaal niet erg te zijn. Iets is beter dan niets.

Gezinsomstandigheden

Er kunnen ook gezinsomstandigheden aan 'buitenechtelijk gedrag' ten grondslag liggen. We kijken naar de manier van hechten. Er zijn drie stij-len volgens welke je in je jeugd hecht aan je ouders: je hecht je op een veilige manier, een vermijdende manier of een gepreoccupeerde manier.
– Veilig: het woord zegt het al. Je hebt een veilige en warme jeugd ge-had. Voor liefde en troost kon je bij je (beide) ouder(s) terecht. Je bent (mede hierdoor) een evenwichtig persoon geworden.

– Vermijdend: in je jeugd werd je vaak op jezelf teruggeworpen. Van anderen kreeg je geen troost. Je ouders waren afwezig als je liefde zocht.

– Gepreoccupeerd: in slechts 3% van de gevallen heeft iemand een gepreoccupeerde hechtingsstijl. Kinderen met onvoorspelbare ouders, ouders van wie op de reactie of aandacht geen pijl te trekken is.

Deze hechtingsstijlen hebben gevolg voor alle relaties die je hebt in je verdere leven.

Ben je veilig gehecht? Dan vertaalt zich dat in je liefdesleven vaak naar een grote drang naar monogamie. Is je hechtingsstijl echter vermijdend? Door het gebrek aan warmte was je al vroeg op jezelf aangewezen. Dit impliceert dat je ook in latere relaties veel op jezelf bent; je bent vatbaarder voor vreemdgaan.

In het weinig voorkomende geval van een gepreoccupeerde hechtingsstijl, eist iemand veel aandacht op. Sterker nog, iemand is bijna onverzadigbaar. Daarbij kan hij of zij erg jaloers zijn. Pas in een volledige symbiose met een partner voelen deze mensen zich pas helemaal goed. Maar de keerzijde is dat heel weinig partners ze die symbiose 'kunnen geven'. Het treurige is overigens dat deze onrust ín de mensen met een gepreoccupeerde hechtingsstijl zit, maar dat ze dat veelal vanbuiten proberen op te lossen. Bram (hoofdstuk 2) en Bob (hoofdstuk 8) zouden in dit laatste plaatje kunnen passen.

In het geval van Lisa is er vermoedelijk iets anders aan de hand. Zoals zij zelf zegt: 'Na de klap van de scheiding had ik geen moeite iets met een getrouwde man te beginnen. Vóór mijn huwelijk hield ik altijd rekening met de vrouw wanneer een getrouwde man aandacht aan mij schonk. Dat was voorbij. Want iemand had mijn man afgepikt en daarna had ik geen zin om braaf thuis te gaan zitten. Die man gaat toch wel vreemd. Als ik het niet ben dan is er wel een andere vrouw.' Lisa is gekrenkt op liefdesgebied. Zij maakt een bewuste keuze en staat, tegenstelling tot vroeger, open voor mannen die al een relatie hebben. Haar verleden als gekrenkte echtgenote speelt hier een rol. Omdat haar partnerkeuze gekleurd is door haar verleden, is het te verklaren dat herhaling intreedt.

Mijn Toscaanse liefde

Karen en Lorenzo

'Nadat we die middag voor het eerst met elkaar hadden gevreeën, vertelde hij dat hij getrouwd was. Ik was totaal aangeslagen.

Nooit eerder had ik een relatie gehad met een getrouwde man en ik zat er ook niet op te wachten. In mijn omgeving kende ik wel een aantal van dergelijke ingewikkelde relaties, maar ik had daarbij het sterke gevoel dat zoiets mij niet zou overkomen. Ik zou mijn verstand gebruiken, ík zou er niet in trappen.

En toch, daar zat ik dan, midden in Italië, stapelverliefd op een getrouwde man. Bovendien bleek hij ook nog twee kinderen te hebben.

Hij vertelde dat hij ook niet wist wat hem overkwam, dat hij nooit zoiets had meegemaakt, dat hij tijdens zijn huwelijk nooit vriendinnen had gehad, want hij had zijn gezin hoog in het vaandel. Van zijn vrouw was hij vervreemd.

Ik was perplex. De liefde van mijn leven was getrouwd. Ik was zesendertig, had enkele relaties achter de rug, maar zoiets had ik nooit eerder meegemaakt. Er was geen weg terug want alleen al onze eerste ontmoeting was zo gepassioneerd en heftig, er was geen ontkomen aan.

Alles begon met een zakenreis. Voor mijn werk moest ik regelmatig naar het buitenland en kwam ik vaak in Italië.

Ook dit keer. Samen met een collega was ik in Florence. We waren keihard aan het werk en de klus moest af. De volgende ochtend heel vroeg, om vier uur, zouden we al weer terugvliegen naar Nederland en er was nog veel werk te doen. Onze agent, met wie ik veel samenwerkte, die voor ons bemiddelde en de taal sprak, vroeg ons mee te gaan lunchen. Hij wist een geweldig restaurant in de buurt waar we beslist naartoe moesten. Wij protesteerden, wilden het liefst doorwerken. Maar de agent drong aan: "Je bent nu in Italië en hier doen we het anders, hier werk je gewoon 's avonds wat langer door."

Dus gingen we mee naar dat restaurant waar hij zo enthousiast over was.

De agent had niet overdreven. Het eten in het restaurant was inderdaad verrassend. Na afloop rekenden we af met een keurig geklede heer. Deze man en ik hebben elkaar één keer aangekeken en we hebben twee zinnen tegen elkaar gesproken. Dat was het. Toen zijn we vertrokken.

Daarna was ik totaal uit mijn doen. Niet een paar uur, maar dagenlang. Drie maanden lang kon ik de man niet uit mijn gedachten bannen. En dat, terwijl ik helemaal niet val op een type zoals hij, onberispelijk gekleed in een donkerblauw pak, klassieke schoenen, keurig gekapt. Ik val op een heel ander soort man, het artistieke nonchalante type.

Helemaal uit mijn doen door een enkele blik, ik herkende mezelf niet meer. Het was iets in zijn ogen, zijn blik wat me heel diep vanbinnen had geraakt. Raadselachtig. Ik had de neiging om via de agent contact met hem op te nemen maar heb het niet gedaan, vond mezelf niet erg realistisch na een enkele blik en twee zinnen.

Hoewel ik nog een paar keer in Florence kwam, zocht ik het restaurant niet meer op. Ik had het ook nooit op eigen gelegenheid terug kunnen vinden.

Drie jaar later ging ik met dezelfde agent en een paar collega's

weer lunchen. Toen ik de straat binnenreed herkende ik het onmiddellijk... Dit was het restaurant van toen. Ik werd meteen
doodzenuwachtig, zat met trillende benen op de achterbank. Ik
realiseerde me dat ik geen make-up op had en mijn gewone kleren droeg. Ik zag er niet uit, schaamde me dood. Achter elkaar
aan liepen we naar binnen. Ik in het midden.

Ik zag hem meteen. Hij was er nog. Hij was bezig om wijn in te
schenken aan een tafel met gasten. Hij keek naar de deur, zag
mij, zette de fles op tafel en liep met open armen op me af, zei:
"Daar ben je eindelijk. Ik heb drie jaar op je gewacht." Midden
in dat chique restaurant, terwijl iedereen keek, omhelsden we
elkaar. Nooit eerder had ik iemand spontaan, vanuit het niets,
omhelsd, zeker geen vreemde. Ik wist niet wat me overkwam.

We kregen de beste tafel en bestelden iets te eten. Een verpletter-
rende emotie overviel me. De man was niet van onze tafel weg
te slaan, alle schema's werden omgegooid. Al zijn aandacht ging
naar mij toe. "Waarom heb je ons niet verteld dat je hier een
vriend hebt?" vroeg een collega verontwaardigd. Ik kon haar
uiteindelijk uitleggen dat de man ook voor mij een volslagen
onbekende was, dat ik niet eens wist hoe hij heette.

Van werken kwam niets meer terecht. Ik was totaal van slag.
Mijn collega's namen mijn taak over. 's Avonds gingen we er
weer eten. De aantrekkingskracht was enorm. Iedere keer als ik
van tafel opstond kwam hij naar me toe. Eigenlijk werd het
steeds banaler. Hij trok me gewoon mee, naar de garderobe en
later ook naar de keuken. Op een gegeven moment stonden we
in de garderobe te zoenen, totaal ongepast op deze chique plek.
Tot mijn eigen verbazing had ik helemaal geen last van schaam-
te. Ik ging er totaal in op. De rest van de wereld was niet meer
belangrijk voor me. Ook dit kende ik niet van mezelf, over het
algemeen gedraag ik me heel netjes. Ben eerder bedachtzaam
dan spontaan.

Lorenzo heette hij, hij was de eigenaar van het restaurant. Hij vertelde me dat ook hij na de vorige keer maandenlang aan me had

gedacht. Hij wist nog precies wat ik aanhad: een bruin suède pak, oranje trui en bruine laarzen. Ook hij had overwogen om me via de agent te achterhalen, maar net als ik had hij ervan afgezien.

's Nachts vertrok ik naar Nederland. De volgende ochtend belde hij meteen op. Een buitengewoon toeval hielp me een handje. Twee vrienden van mij zouden een dag of tien later naar Italië vertrekken. Ze hadden een huis gehuurd in een plaatsje op ongeveer tien kilometer afstand van Florence. Vóór mijn ontmoeting met Lorenzo hadden we al afgesproken dat ik hen een paar dagen later zou volgen.
Die paar weken leefde ik op een roze wolk, stapelverliefd, dolblij dat ik al weer zo snel bij hem zou zijn. Eindelijk had ik de liefde van mijn leven ontmoet.

Twee weken na ons weerzien was ik dus al weer in Florence. Ik ging natuurlijk meteen na aankomst naar hem toe. Die middag hebben we voor het eerst met elkaar gevreeën en hoorde ik dat Lorenzo getrouwd was. Hij had erover nagedacht, hij wilde het liefst weg bij zijn vrouw. "Want," zei hij, "ik heb niet veel meer met haar."
Ik bleef ongeveer een week. We zagen elkaar iedere dag. Ieder moment dat hij vrij kon maken, was Lorenzo bij mij. In die week kwam ik het een en ander over hem te weten.

Wat bleek: Lorenzo en zijn familie en ook de familie van zijn vrouw kwamen oorspronkelijk uit Sicilië waar het familieleven nog heel traditioneel is. Ze waren buurjongen en buurmeisje en het stond bij voorbaat al vast dat ze man en vrouw zouden worden. Zo is het gegaan. Toen ze allebei twintig waren, werd Lorenzo's vrouw zwanger en zijn ze getrouwd. Met twaalf andere families zijn ze daarna verhuisd naar het veel rijkere Toscane. Nog altijd vormen deze families samen een hechte gemeenschap, een clan.

Lorenzo en zijn vrouw waren inmiddels zestien jaar getrouwd maar in de loop der tijd waren ze uit elkaar gegroeid, ze leefden langs elkaar heen. Zijn vrouw was, op z'n Italiaans, heel afhankelijk van hem. Hij was zeer trouw ten aanzien van zijn gezin en was beslist niet op zoek naar iemand anders. Hij had zijn leven geaccepteerd, inclusief alle onvolmaaktheden, en hij was gek op zijn kinderen.

Hij reageerde hierop door zich keihard op zijn werk te storten. Sinds een aantal jaar was hij eigenaar van dit restaurant. Een typisch Italiaans restaurant; er werkten veel familieleden. Hijzelf werkte van 's morgens vroeg tot 's avonds laat. Het liep heel goed, was gerenommeerd in de wijde omtrek.

Na een week moest ik terug, ik moest weer aan het werk. Het kostte me moeite. We belden elkaar iedere dag. Ik heb nauwelijks getwijfeld of ik met hem door moest gaan. Ik vertrouwde hem, in mijn ogen was hij oprecht en integer. Vanaf die tijd reisde ik zoveel mogelijk naar Italië, zo ongeveer één keer in de maand. Bovendien bracht ik er mijn vakanties door. De afspraak was om een paar maanden lang te kijken hoe het tussen ons zou gaan en om daarna een beslissing te nemen. Dat hielden we inderdaad een paar maanden vol.

We hadden het geweldig samen. Op de scooter toerden we door de omgeving, naar mooie middeleeuwse stadjes, we reden naar de kust, zwommen in zee en aten in de beste restaurants. We maakten boottochten naar kleine eilanden voor de kust en Lorenzo, met zijn mooie, krachtige stem, zong Italiaanse liederen voor mij. Iedereen keek naar ons. We gingen ook naar het voetbalstadion. Eigenlijk hield ik niet van voetbal, maar Lorenzo was in zijn jonge jaren een bekende beroepsvoetballer geweest en samen met hem vond ik het wél leuk.

Het was een gelukkige en onbezorgde tijd. Hij stak niet onder stoelen of banken dat ik zijn geliefde was en liep overal met mij rond, van stiekem was geen enkele sprake. We vrijden de sterren van de hemel, we waren twee gelukkige mensen en dat was zichtbaar. Ik voelde me een oervrouw en werd op handen gedragen. We hadden het gevoel voor elkaar gemaakt te zijn.

Ik at vaak in zijn restaurant. Soms merkte ik dat een vrouw me vanuit de keuken in de gaten hield. Toen ik pas veel later hoorde dat zijn vrouw ook in het restaurant werkte, begreep ik dat zij het was. Achteraf vond ik het pijnlijk.

Ik vroeg me toen wel af of zijn vrouw echt niets merkte. Want iedere keer wanneer ik aankwam, zag hij er weliswaar zeer verzorgd maar bedrukt uit. Hij bloeide op in mijn aanwezigheid en zakte weer in als ik vertrok. Het verschil was groot, dat moet zijn vrouw toch ook gezien hebben.

Na een paar maanden besloten we om samen verder te gaan. Dat betekende dat Lorenzo zou gaan scheiden van zijn vrouw. Het plan was dat ik in Florence zou komen wonen. Ik hield van dit land. Bovendien sprak ik de taal want ik had een jaar in Milaan gewoond. Ik zou vast en zeker ook passend werk kunnen vinden. Een verhuizing naar Italië leek me een prima idee. We maakten zelfs toekomstplannen, ik zou een hotel gaan runnen. Maar helaas, na deze beslissing was het afgelopen met het onbezorgde bestaan en begon de ellende.

Pas na het besluit om te gaan scheiden, bracht Lorenzo de moed op om het zijn vrouw te vertellen. Ze was boos, verdrietig en woedend. Ik had alle begrip voor haar heftige emoties. Toen pas begon ik me te realiseren wat we teweeg hadden gebracht, ik voelde me schuldig.

Tijdens die eerste gelukkige maanden was er geen sprake van schuldgevoelens. Alles was zo enerverend, we waren alleen maar met onszelf bezig geweest. Bovendien ging ik ervan uit dat het voor zijn vrouw ook geen probleem zou zijn omdat ze zo uit elkaar waren gegroeid en de relatie meer bestond uit afhankelijkheid dan uit liefde.

Pas later besefte ik hoe pijnlijk het voor haar geweest moet zijn om na zestien jaar in de steek gelaten te worden. Wanneer je al zo lang bij elkaar bent, is de band groter dan je tot dan toe hebt beseft.

Niet alleen ik voelde me schuldig. Ook Lorenzo had last van wroeging en vertelde wat er bij hem thuis gaande was. Ook hij had niet verwacht dat zijn vrouw er zo veel moeite mee zou hebben. Hij vond het erg moeilijk om haar zo verdrietig te zien. Hij voelde zich enorm verantwoordelijk voor haar en vond dat zij dit alles niet verdiende.

De situatie werd steeds ingewikkelder. Lorenzo's vrouw begon steeds heftiger te reageren.

Toen Lorenzo zich begon te verdiepen in de gevolgen van een scheiding bleek het allemaal minder simpel te liggen dan in Nederland. Het Italiaanse rechtsstelsel is anders. Bij een scheiding heb je geen enkel recht meer om je kinderen te zien. In eerste instantie, vanuit de Nederlandse wetten en normen bezien, dacht ik nog dat het allemaal wel mee zou vallen. Het tegendeel was waar; wanneer je je vrouw in de steek laat wordt de vrouw erop aangekeken. Aan de vrouw mankeert iets, zo is het idee. Zij brengt grote schande over zichzelf en over haar hele familie. Vooral in het zuiden, in het traditionele Sicilië.

In feite hoort scheiden nauwelijks tot de mogelijkheden.

Om die reden is het in die gemeenschap wel geoorloofd om een minnares te hebben – Lorenzo zag het vaak om zich heen maar had een hekel aan mannen die er stiekem een geliefde op na hielden. Hij werd zelfs kwaad als iemand mij zijn minnares noemde.

Inmiddels begon de hele familie zich ermee te bemoeien. Lorenzo ging immers openlijk met mij om en zijn reputatie stond op het spel. In de stad was hij een zeer gerespecteerd man zowel door zijn jaren als voetballer als vanwege zijn chique, goedlopende restaurant. Ik denk dat het de familie duidelijk was geworden dat het geen bevlieging van hem was.

Toen Lorenzo het restaurant overnam, had de familie van zijn vrouw er veel geld in geïnvesteerd. Er werd hem te kennen gegeven dat het geld acuut terugbetaald moest worden als hij zou scheiden. Met andere woorden, wanneer hij zijn vrouw zou verlaten zou hij niet alleen zijn kinderen maar ook zijn restaurant kwijt zijn.

Op een gegeven moment werd ook de Kerk ingeschakeld. Er kwam bezoek van de pastoor die op hem in ging praten. Langzamerhand kreeg ik het gevoel dat ik in een dramatische, Italiaanse film terechtgekomen was, alleen de maffia ontbrak nog.

Met een grote schuld iets nieuws beginnen, zou natuurlijk heel moeilijk zijn. "Maar daar vinden we wel wat op," zei Lorenzo, "we redden het wel samen." Het ergste was voor hem om zijn kinderen te moeten missen.

Ik zag mijn Lorenzo steeds ongelukkiger worden. Toch bleven onze plannen overeind staan.

Maar ook zijn eigen familie kwam tegen zijn plannen in opstand. Dreigden ermee dat hij uit de familie gezet zou worden. Hij werd aangesproken op de eer en de verantwoordelijkheid ten opzichte van zijn familie. Niemand nam het voor hem op, de familie-eer ging boven het geluk van hun zoon.

Na verloop van tijd reageerden zelfs de vrienden en bekenden van Lorenzo. Ze kwamen niet meer in het restaurant. Aanvankelijk dachten we samen in de hemel terecht te komen. Een hel werd het niet, maar wel een moeras. Langzaam realiseerde ik me dat we ons nooit in Florence zouden kunnen vestigen. Steeds vaker vroeg ik me af wat we in godsnaam aan het doen waren.

Toen ontstond er iets bij mij wat ik nog niet kende. Ik kreeg het sterke gevoel dat ik hem los moest laten, uit liefde voor hem. Het was te veel allemaal, hij ging eraan kapot. Er zou zo veel stukgaan. Was dat het allemaal wel waard? Het idee dat hij zijn kinderen niet meer zou zien en dat hij verstoten zou worden door zijn familie was ronduit verschrikkelijk voor hem.

Het leek me het beste om ermee te stoppen. Uiteindelijk stemde hij ermee in.

Een heel verwarrende situatie, want eigenlijk wilden we niets liever dan bij elkaar zijn. Maar we stonden met onze rug tegen de muur.

We spraken af om geen contact meer met elkaar te hebben. De eerste keer hielden we het nog geen vier dagen vol. Toen belde Lorenzo toch weer en ging ik weer naar hem toe. Maar geleidelijk aan realiseerde ik me dat er geen toekomst meer voor ons beiden was. Ik was er ongelooflijk verdrietig over. Langzaamaan werden de periodes dat we elkaar niet zagen en geen contact hadden langer.

De allerlaatste keer, toen we allebei wisten dat het echt afgelopen was en voordat we huilend afscheid van elkaar hadden genomen, gebeurde er iets wat niemand had kunnen bevroeden.

Ik werd zwanger.

Ik gebruikte de pil, dus ik kon het aanvankelijk niet geloven. Ik reisde in die periode veel, van Hong Kong naar New York, dacht dat het een jetlag was, dat mijn lichaam in de war was, dat ik me daarom zo raar voelde. Ik heb de zwangerschapstest viermaal gedaan want de positieve uitslag was voor mij niet te bevatten. Maar het was waar. Ik hoorde bij de twee procent van de vrouwen die ondanks de pil toch zwanger worden.

Uiteraard belde ik Lorenzo onmiddellijk, hij schrok enorm, wilde dat ik het kind weg zou laten halen. Door zijn reactie was ik helemaal van slag. Hoe kon hij zo bot zijn. Gelukkig belde hij de volgende dag om zijn excuses aan te bieden. Hij zou het prima vinden als het kind geboren zou worden, zei hij, maar hij zou er niet voor kunnen zorgen.

Ik wilde altijd al graag kinderen, maar tot nu toe was het er niet van gekomen. Ik had me er inmiddels zelfs al bij neergelegd dat het misschien nooit zou gebeuren. Nu deed de kans op een kind zich onverwachts voor. Een abortus heb ik nauwelijks overwogen.

Lorenzo en ik spraken af dat ik de volle verantwoordelijkheid zou nemen. Ik wist dat het zwaar zou worden maar mijn besluit stond vast.

Toen ik ontdekte dat ik zwanger was, was ik al snel genoodzaakt om het mijn ouders te vertellen. Mijn broer ging binnenkort trouwen en tegen die tijd zou mijn zwangerschap zichtbaar zijn. Nu ben ik opgegroeid in een traditioneel christelijk gezin in een klein, zeer christelijk dorp. En een buitenechtelijk kind is in dit milieu een grote schande. Het zou een moeilijk gesprek met mijn ouders worden, ik zag er verschrikkelijk tegenop.

Ik heb het ze verteld en uitgelegd dat Lorenzo mijn grote liefde was en hoe ingewikkeld het allemaal voor mij was. Ze waren geschokt. Mijn vader belde de volgende dag woedend op en eiste een abortus. Nota bene, ik was zevenendertig jaar en stond al meer dan vijftien jaar op eigen benen. Het was een afschuwelijke situatie. Bovendien verzocht mijn vader me dringend om niet op de bruiloft van mijn broer te verschijnen. Ik, hun dochter, zou een schande zijn voor de familie en ook voor de buren.

Ik heb mijn ouders zes maanden niet gezien en ook niet gesproken. Ik ging uiteraard wel naar de bruiloft van mijn broer. Mijn moeder was afstandelijk en mijn vader liep de hele dag met een gezicht als een oorwurm rond om mij er vooral van te doordringen dat ik zijn leven aan het verpesten was. Dat heeft hij ook letterlijk gezegd.

Het werd een zware tijd. Aan de ene kant voelde ik een oerkracht: dit ga ik gewoon doen, ik ga een kind krijgen van de man van wie ik hou. Aan de andere kant waren de omstandigheden heel moeilijk. Voor het eerst van mijn leven koos ik voor mezelf en hield ik geen rekening met de normen en waarden van mijn ouders. Maar dat betekende wel dat ik er helemaal alleen voor stond.

Tijdens de zwangerschap ging ik nog een paar keer naar Lorenzo. Onze relatie bloeide op. Toen ik zeven maanden zwanger was, liep hij trots met mij door de stad. Ik genoot er in die periode nog even met volle teugen van, want niet alleen de relatie bloeide op, ook mijn hoop dat het allemaal toch nog goed zou komen.

Het werd een zware en zeer gecompliceerde bevalling. Mijn zusje was erbij en een vriendin, maar toch voelde ik me erg alleen zonder Lorenzo.

Uiteindelijk kreeg ik een prachtige zoon: Niels.

Voor mij brak een zware periode aan. Ik was geestelijk en lichamelijk uitgeput door de moeizame bevalling en de nachten zonder slaap. Bovendien liep de borstvoeding niet goed. Na drie weken intensief proberen heb ik het op moeten geven, en dat was een diepe teleurstelling.

We hadden weliswaar afgesproken dat ik het alleen zou doen, maar toch had ik de hoop dat Lorenzo zou komen. Hij belde veel, wilde precies weten hoe het met zijn zoon ging. Hij was erg benieuwd en betrokken, maar kon zich niet losmaken van zijn werk. Daardoor voelde ik me in de steek gelaten en begon me te ergeren aan zijn telefoontjes en vond dat hij tijd voor me vrij zou moeten maken. Als je wilt weten hoe hij eruitziet, kom je maar kijken, dacht ik. Hij was op zijn beurt weer gepikeerd omdat ik zo kortaf was.

Deze moeilijke periode bracht een ommekeer teweeg in onze relatie. Bij mij sloeg de argwaan toe: Was hij wel te vertrouwen? Had hij me aan het lijntje gehouden? Had ik te veel in hem geloofd…?

Toen Niels vier maanden was zocht ik Lorenzo weer op. Al zijn aandacht was bij ons, hij was lief en deed leuke dingen met Niels. Ondanks alles leek het er op dat we toch weer een liefdesrelatie hadden. In de tussentijd was er af en toe contact.

Toen mijn zoon een jaar was, ben ik er nog een keer geweest. In feite koesterde ik toch nog hoop. Door zijn familie werden Niels en ik weliswaar doodgezwegen, maar wij hadden nu samen toch ook een familie.

Terug in Nederland kreeg ik steeds meer moeite met deze verwarrende situatie. Ik ging gebukt onder twijfels en tegengestelde gevoelens.

Het begon me enorm te storen dat Lorenzo, wanneer ik terug was in Nederland, zo weinig deed. Er was afgesproken dat ik de verantwoordelijkheid zou dragen, maar ik vond het kwetsend dat hij zelf niet op het idee kwam om me financieel te steunen, ook al had ik het geld niet echt nodig.

Toen Niels ruim een jaar oud was, vroeg Lorenzo me of ik naar Noord-Italië wilde komen. Hij zou met vrouw en kinderen op vakantie gaan en had er een huis gehuurd in een vakantiepark. Hij wilde er voor ons ook graag een huis huren. Ik was ontzet. Was dat echt wat hij wilde? Ik zag het helemaal voor me: hij heen-en-weer pendelend tussen twee vrouwen. Ik moest er niet aan denken. Het idee dat ik hem met vrouw en kinderen zou zien, wilde en kon ik mezelf niet aandoen. Ik zei dus nee.

Bovendien had ik besloten om niet meer in het sprookje te geloven, want het was me inmiddels duidelijk dat hij zijn gezin nooit zou verlaten. Ik wilde beslist niet de positie van minnares met kind hebben. Mijn grens was bereikt. Hij op zijn beurt voelde zich door mijn weigering afgewezen en diep gekwetst.

Na dit voorval hadden we twee jaar lang geen contact meer met elkaar.

Toen Niels drie jaar was, ging ik met hem en een vriendin op vakantie naar Italië. Het plan was om niet naar Florence te gaan. Maar toen we in de buurt terechtkwamen, bleek deze stad toch een magneet te zijn. We besloten de sprong te wagen en op te bellen.

Hij was erg blij me te spreken en wilde Niels graag zien, maar was ontzet toen hij hoorde dat we aan het kamperen waren. "Je gaat toch niet kamperen met mijn zoon?" In Italië is dat iets voor de allerlaagste klasse. Hij wilde heel graag dat we in zijn nieuwe hotel zouden logeren. Het bleek een prachtig, rustig en zeer luxueus hotel te zijn. Uiteindelijk accepteerden we zijn aanbod en besloten we er een aantal dagen te blijven. In het hotel liepen ook Lorenzo's twee zoons rond, ze speelden zelfs vaak met Niels in het zwembad. De oudste zoon van negentien leek wel iets te vermoeden, maar zijn jongste zoon wist van niets. Wat wel opviel was dat Niels als twee druppels water op hem leek.

Hoewel ik erg was geschrokken – hij zag er slecht uit – was de aantrekkingskracht nog niet verdwenen. We hebben zelfs nog een keer met elkaar gevreeën, maar dat voelde niet goed. Voor ons allebei niet. Wel was ik erg blij dat we eindelijk weer eens een vertrouwelijk gesprek konden hebben.

Ik kwam erachter dat hij in de jaren die achter hem lagen, harder had gewerkt dan ooit. Ongetwijfeld heeft hij zich gerehabiliteerd ten opzichte van zijn familie en die van zijn vrouw. Hij was inmiddels eigenaar geworden van twee prachtige, luxe hotels.

Hij wist niet hoe hij zich voelde, vertelde hij me uiteindelijk. Hij wist niet meer goed wie hij was. Hij had een hartaanval gehad en moest veel medicijnen slikken. Het leek of hij in korte tijd veel ouder was geworden.

Achteraf was ik blij met het gesprek. Ik ben er met een nijdig gevoel naartoe gegaan, maar ben teruggekomen met een gevoel van compassie. Hij was aan het overleven.

Toch blijf ik het er moeilijk mee hebben. Hij heeft ook daarna niets meer van zich laten horen. De laatste keer dat ik hem zag, is drie jaar geleden. Ik heb ingezien dat hij niet anders kan dan wat hij nu doet: werken, zijn gevoelens wegstoppen en maar doorgaan. Dat heeft hij me zelf gezegd. In de familie van zijn vrouw wordt nergens meer over gepraat. Hij is de ideale schoonzoon geworden. Alles wat hij onderneemt, loopt goed. Dat is het enige wat telt.

Toch vind ik het belangrijk om het lijntje vast te houden, al doe ik het alleen voor Niels. Van Lorenzo verwacht ik niets meer. In het begin dacht ik nog dagelijks aan hem. Nu is dat veel minder. Voornamelijk als ik naar mijn zoon kijk en me realiseer hoe hij op zijn vader lijkt.

Inmiddels kan ik vrede hebben met de situatie. Helemaal als ik er goed over nadenk. Italië blijkt veel traditioneler te zijn dan ik dacht. Had ik er wel kunnen aarden? Lorenzo was dubbel. Aan de ene kant had hij de behoefte om uit te breken en verlangde hij naar een gelijkwaardige relatie, maar aan de andere kant was hij ook heel traditioneel. Ik betwijfel of onze relatie op den duur stand had gehouden.

Achteraf denk ik dat ik naïef ben geweest om ervan uit te gaan dat Lorenzo zijn vrouw zou verlaten. En hij was ook naïef, hij was immers beter op de hoogte dan ik. Toch heb ik geen spijt, hoe moeilijk het ook was. We hadden zoiets moois en waardevols, ik had het niet graag willen missen.

Niels is bijna zes. Hij begint vragen te stellen over zijn vader. Hij ziet zijn vader af en toe op de tv want er zijn video's van hem gemaakt tijdens het laatste bezoek. Dat is een houvast voor Niels. Hij zou alleen zo graag, net als alle andere kinderen uit zijn klas, ook eens een cadeautje krijgen van zijn vader.

Met mijn vader is alles goed gekomen. Mijn moeder heeft hem, na de geboorte van Niels, overgehaald om zich over zijn trots en zijn woede heen te zetten en heeft ervoor gezorgd dat het contact werd hersteld. Na de enorme weerzin van het begin is er een sterke band ontstaan tussen grootvader en kleinzoon. Hij is zijn lieveling geworden. Mijn vaders grootste passie is muziek en Niels is heel muzikaal, dus die twee hebben elkaar helemaal gevonden. Niels doet mijn vader in alles na. Als opa piano gaat spelen, zit Niels op het krukje naast hem.

Mijn ouders hebben nooit naar Lorenzo gevraagd. In hun ogen deugt hij niet. Uit mezelf vertel ik hen evenmin iets, het heeft geen enkele zin.

Ik ben blij dat Niels een kind is van Lorenzo, een man van wie ik oprecht hield. Niels is een keerpunt in mijn leven geworden. Door Niels ben ik sterk geworden. Voor zijn komst werkte ik heel hard en was ik enorm met mijn carrière bezig. Ik vroeg me niet af of ik dat zelf wilde; ik deed het omdat het me met de paplepel was ingegoten en hield nog altijd rekening met mijn ouders. Ik paste me altijd aan en vermeed conflicten.

Bij de komst van Niels volgde ik mijn eigen wil, ondanks de enorme tegenstand. En zo is het gebleven. Er is een kracht in mij aangeboord die ik nog niet kende. Hij is het mooiste wat me ooit is overkomen.'

Uit liefde loslaten

Karen zag dat Lorenzo 'eraan onderdoor' ging. Zijn restaurant, zijn eigen familie-eer en die van zijn vrouw, zijn vrienden; alles keerde zich tegen hem toen hij had besloten te gaan scheiden en te kiezen voor Karen. Deze situatie leidde tot veel verdriet en pijn.

Karen deed wat niet veel mensen kunnen. Ze liet Lorenzo los uit liefde. Ze zag dat de nieuwe situatie hem ongelukkig maakte, en maakte de keuze hem 'terug te geven' aan zijn vrouw.

Er bestaan mensen die niet kunnen leven als hun partner niet gelukkig is. Zij offeren zich dan op voor de liefde. Overigens zijn dergelijke relaties vaak kwalitatief goed; er wordt immers veel in de relatie geïnvesteerd.

Vreemdgaan: culturele verschillen

In ieder land staat men anders tegenover vreemdgaan. Zo is het op de Antillen wel toegestaan, maar de echtgenote mag er geen hinder van ondervinden. In Saoedi-Arabië is het juist normaal dat mannen (maximaal) vier vrouwen hebben, wat door de Koran toegestaan wordt. (Een vreemdgaande vrouw in dat land kan daarentegen worden gestenigd.) Amerikanen zijn door puriteinse invloed juist veel conservatiever dan wij in West-Europa. In de verkeringstijd is het daar zelfs gebruikelijk met elkaar af te spreken dat 'we vanaf nu monogaam zijn'. Heeft 'Het Gesprek' nog niet plaatsgehad, dan kunnen de partners tijdens die eerste fase nog ongestraft andere relaties aangaan.

In Nederland is monogamie de norm. En eigenlijk zou je moeten zeggen: we zijn serieel monogaam. We hebben een langdurige monogame relatie die – als deze eindigt – overgaat in een volgende langdurige relatie. Hoewel Nederlanders bij het trouwen de intentie hebben voor het hele leven bij elkaar te blijven 'tot de dood ons scheidt', blijkt dat voor veel stellen niet haalbaar. De meeste scheidingen vinden plaats in de eerste vier jaar van het huwelijk. Overigens strandt één op de drie langdurige monogame relaties.

In het Italië van Lorenzo wordt een maîtresse oogluikend toegestaan, echter scheiden om een andere vrouw vindt geen waardering van familie en vrienden.

In haar boek *Over de grens* (A.W. Bruna Uitgevers, 2008) verhaalt de Amerikaanse journaliste Pamela Druckerman over haar zoektocht naar culturele verschillen in de wereld van vreemdgaan. Zo drukken talen de verschillen uit op welke manier landgenoten tegen vreemdgaan, ontrouw, of zoals een Franse onderzoeker het formuleert 'simultaan multipartnerschap' aankijken. In Zweden en Rusland 'dwaalt men naar links', Japanners 'dwalen van het rechte pad af', de Fransen 'kijken even verderop'. Maar Engelsen 'spelen erop los' en ook Indonesiërs geven aan het allemaal niet zo dramatisch te vinden met hun 'heerlijke interval'.

Omdat in ieder land vreemdgaan anders wordt geïnterpreteerd, in ieder land verschillende onderzoeken worden gedaan, en bovendien ondervraagden binnen een onderzoek vaak worden betrapt op sociaal wenselijke antwoorden, is het zeer ingewikkeld internationale ontrouwcijfers naast elkaar te leggen. Toch komt Druckerman in haar boek met percentages van getrouwde mannen en vrouwen die het 'afgelopen' jaar (in het jaar van het betreffende onderzoek, variërend van 1996 tot 2004) seks hebben gehad met een ander dan hun huwelijkspartner.

Mannen
Togo 37%
Kameroen 36,5%
Ivoorkust 36,1%

Vrouwen
Noorwegen 6,6%
Kameroen 4,4%
Chinese steden 3,2%

Als we bij mannen alle Afrikaanse landen omzeilen, om zo in te zien welke andere culturen ook openstaan voor overspel, komen we bij de volgende top drie uit:

Mannen
Chinese steden 18,3%
Dominicaanse Republiek 18%
Mexico-stad 15%

N.B. In deze lijst zijn slechts veertig landen opgenomen. Nederland maakte geen deel uit van de onderzochte gebieden. In Noorwegen echter, een land met een soortgelijke cultuur, komt het percentage ontrouwe mannen op 10,8%. Vrouwen scoren 6,6%.

Ik kan met liefde naar zijn gezin kijken

Rina en Martin

'Martin zegt vaak: "Ik ben de gelukkigste man van de wereld, ik heb twee vrouwen." En zo is het ook. Toch weet ik zeker dat hij last heeft van gewetensnood. Ach, we kennen elkaar al zo lang, al bijna vijfentwintig jaar. We ontmoetten elkaar in de jaren tachtig, we waren nog jong, rond de dertig.

We stonden allebei op ons beurt te wachten bij het kantoor van de voormalige PTT om een nieuwe telefoonaansluiting te regelen. Hij wist zich geen raad en vroeg me om hulp bij het invullen van het formulier, want hij sprak nauwelijks Nederlands. Uiteraard heb ik hem geholpen. Daarna nodigde hij me uit voor een kopje koffie. Meestal ga ik niet in op een dergelijke uitnodiging. Tot mijn eigen verbazing zei ik dit keer: "Ja." Ik vond het een prettige man. Hij had iets stevigs, iets aantrekkelijks, mooie ogen, volle lippen, daar houd ik van.
We babbelden wat, onder andere over zijn familie in Indonesië en over mijn verhuizing. Het was een zeer geanimeerd gesprek en hij bood me aan om me te helpen met het schilderen van mijn nieuwe huis. Ik vond dat niet nodig, maar gaf hem op zijn verzoek, mijn telefoonnummer. Ook vreemd, want normaal doe ik dat niet.
Kort daarop kwam ik hem onverwachts tegen op de markt. Hij was in gezelschap van een jonge vrouw, een zus. Hij deed nogal

schuchter, ik had sterk de indruk dat een uitgebreid gesprek niet op zijn plaats was.

Niet lang erna belde hij terwijl ik op het punt stond naar de markt te gaan. Hij stelde voor om mee te gaan, want hij had dekens nodig omdat hij ineens veel familie te logeren kreeg. Ik vond het zonde dat hij ze moest kopen en bood aan om die van mij te lenen, ik had dekens genoeg. Voor mij was dat heel vanzelfsprekend, voor hem niet. Hij was helemaal perplex, kon er niet over uit dat een westerling hem dit aanbood. We zijn toch samen naar de markt gegaan en als dank kreeg ik van hem een prachtige bos rode dahlia's.

Bij de tweede ontmoeting vond ik eigenlijk al dat het niet verstandig was om samen bij mij thuis te blijven. De aantrekkingskracht tussen ons beiden was enorm. Daarom gingen we naar buiten en maakten een wandeling langs de rivier.

Het was prachtig weer. Er heerste een paradijselijke sfeer, overal zaten mensen in het gras. We zaten samen op een terras aan het water en liepen daarna naar een klein parkje. We konden niet ophouden met praten.

De erotische spanning tussen ons was intussen tot grote hoogte gestegen. Er moest iets gebeuren. Als vanzelfsprekend zochten we een grote boom op om in het gras in de schaduw te kunnen gaan liggen, zodat we elkaar eindelijk konden omhelzen. Maar voordat we gingen liggen, kwam het hoge woord er uit: "Ik ben gebonden, ik ben verloofd."

Op dat moment kon het me niets schelen, want ik wilde tegen hem aanliggen, ik wilde hem voelen en ik wilde hem zoenen. Dat zei ik hem ook. We zijn gaan liggen en hebben elkaar urenlang gekust. Het was een indringende en heftige ervaring, van beide zijden.

Er volgde een periode waarbij we elkaar zo veel mogelijk zagen. Niet lang erna nam ik hem mee naar mijn huis. Daar hebben we uiteindelijk met elkaar gevreeën. Het was meteen vertrouwd.

Voor hem brak toen een moeilijke periode aan. Hij begon te twijfelen of hij zijn voorgenomen huwelijk met de vrouw die door zijn ouders was uitgekozen, door moest laten gaan. Hij was totaal van slag.

Martin groeide op in Manado op het eiland Sulawesi in Indonesië, een plek waar de tradities nog een belangrijke rol spelen. Hij was de oudste zoon en kwam naar Europa om geld te verdienen om de positie van de hele familie te verbeteren. In Nederland was er toen nog geen streng beleid in verband met buitenlanders. Hij was, zoals het gebruikelijk is in zijn cultuur, uitgehuwelijkt.

Ikzelf had een huwelijk achter de rug. Op jonge leeftijd trouwde ik met een oud-klasgenoot. Achteraf gezien waren we twee eenzame mensen die elkaar opzochten en elkaar toch niet konden bieden wat we nodig hadden. Mijn man zocht zijn heil buiten het huwelijk, had andere relaties. Uiteindelijk ben ik opgestapt, na een relatie van tien jaar.

Ook voor mij was deze ingewikkelde situatie met Martin moeilijk en verdrietig. Machteloos voelde ik me, want ik had het sterke gevoel dat ik me er niet mee moest bemoeien en op de achtergrond moest blijven. Hij was in mijn ogen degene die de beslissing moest nemen. Bovendien wilde ik niet ten koste van iemand anders gelukkig worden. Urenlang hebben we er samen over gepraat. Uiteindelijk is hij tot de conclusie gekomen dat het niet goed was om het huwelijk af te blazen want het zou grote gevolgen hebben. Het zou betekenen dat zijn hele familie in grote problemen zou komen en de familie-eer aangetast zou worden. En niet alleen zijn familie, ook die van zijn aanstaande vrouw. En dat betekent wat in die samenleving.

We hadden een paar zware en zeer verdrietige weken, alle twee.

Er gebeurde nog iets dramatisch. Ik kwam tot de ontdekking dat ik zwanger was. Ik was perplex; in mijn huwelijk had ik lange tijd geprobeerd om zwanger te worden en dat was nooit gelukt. Het was een klap. Hij schrok er natuurlijk ook van. Nog meer verdriet, heel veel verdriet.

Mijn gedachten kwamen in een stroomversnelling. De heftigheid van de situatie dwong me om stil te staan bij alle gevolgen: Ik wist heel zeker dat ik geen kind wilde hebben zonder vader, want dat zou gebeuren, dat was intussen duidelijk geworden. Martin had toen zijn besluit al min of meer genomen.

Ikzelf was kind van gescheiden ouders. Mijn vader vertrok toen ik elf was, ik wist aan den lijve wat dat betekende. Ik hoefde er dus niet lang over na te denken. Al gauw besloot ik dat een abortus de beste oplossing was. Martin accepteerde mijn besluit en ik heb het sterke vermoeden dat hij opgelucht was. Samen zijn we naar de abortuskliniek gegaan. Ik heb nooit spijt gehad van mijn beslissing.

Korte tijd daarna ging Martin terug naar Manado voor de huwelijksceremonie. Ik kan me nauwelijks herinneren hoe ik me toen voelde. Ik denk dat ik deze pijnlijke aangelegenheid heb verdrongen. Toen hij terugkwam uit Indonesië nam hij meteen contact met me op. Ik denk dat zijn vrouw snel daarna naar Nederland is gekomen, ook dat weet ik niet meer. We zagen elkaar veel in die tijd.

Na een aantal maanden merkte ik dat hij ergens mee worstelde. Hij zei iets over een dokter, tenminste dat verstond ik. Hij bleek een dochter te hebben gekregen. Meteen na de huwelijksceremonie was zijn vrouw zwanger geworden. Dat wist hij natuurlijk al die tijd al, maar hij vond het te pijnlijk om te vertellen. Ik had het er erg moeilijk mee.

Achteraf denk ik dat Martins vrouw het niet makkelijk heeft gehad. Want alle vrije tijd bracht hij bij mij door. Die arme vrouw, denk ik nu, ze was voor het eerst in Europa en sprak de taal niet eens, wat moet ze eenzaam geweest zijn.

Tot mijn stomme verbazing stelde Martin voor dat ik zijn pasgeboren dochter en zijn vrouw zou ontmoeten. "Als jij bij mijn familie op bezoek bent geweest dan weet mijn vrouw van jouw
bestaan en dan word je huisvriendin. Mijn vrouw zal naar je
vragen, want na een kennismaking hoor je erbij. Ook al zou je
met mij breken, de vriendschap met mijn familie zal door blijven gaan."
Ik raapte al mijn moed bij elkaar en ging er naartoe.
Martins voorspelling kwam uit, ik werd de vriendin van de hele
familie. De omgang met zijn vrouw was in het begin pijnlijk,
maar toen ik zag dat deze vrouw heel anders was dan ik, was er
van jaloezie nog nauwelijks sprake. Daarna ben ik er nog vaak
op bezoek geweest.

Toch voelde ik na enige tijd de sterke behoefte om los te komen
van Martin. Deze relatie was ingewikkeld en uitzichtloos, ik
werd er ongelukkig door. We hebben dan ook diverse keren geprobeerd om uit elkaar te gaan. De allereerste keer was een paar
jaar na onze ontmoeting. Ik had gespaard om naar Australië te
kunnen gaan, anderhalf jaar lang. Het plan was om te gaan reizen en te gaan werken als fysiotherapeute. Er was min of meer
afgesproken dat we geen contact met elkaar op zouden nemen.
In onze ogen was het een afscheid voor altijd.
Meteen de eerste maand na aankomst in Perth had ik een liefdesaffaire die niet lang duurde, niet langer dan een paar weken.
Toen keerde Martin weer terug in mijn hoofd. Een enorm verlangen, een verlangen dat steeds groter werd. Ik heb het opge-
lost door een kaart naar zijn huis te sturen met een postadres.
En jawel, heel snel daarna kwam er een kaart van hem en niet
snel daarna kreeg ik een boekje toegestuurd met liefdesgedich-
ten. Martin had de naam van de dichter doorgestreept en zijn
eigen naam er voor in de plaats gezet. Dit boekje koesterde ik ge-
durende de hele reis als een kostbare schat.

Ik besefte toen heel goed dat, ondanks mijn plannen en goede voornemens en ondanks al die duizenden kilometers die er tussen ons lagen, de liefde bleef bestaan. Het ontroerde me en maakte me merkwaardig genoeg heel gelukkig.

In die tijd sloot ik vriendschap met een Nederlandse vrouw, een psychologe. Uiteraard vertelde ik haar over mij en Martin. Ze deed er nogal schamper over: "Rina," zei ze, "je bent een geweldige vrouw, wat moet je nou? Ga je alsnog de tweede viool spelen?"

Het deed me pijn. Want ze had een kwetsbaar punt geraakt, een zeer pijnlijk gevoel dat steeds weer de kop opstak.

Ook nadat ik terug was heb ik diverse keren geprobeerd eruit te breken. Een jaar lang had ik een relatie met een ongebonden man, Dirk. Ik hoopte dat dit een kans was. Een kans voor een ander bestaan, een mogelijkheid voor een kind. Maar ik zag al gauw dat ik met Dirk geen kinderen wilde. Hij was te veel op zichzelf gericht. De relatie heeft dan ook geen stand gehouden.

Uiteraard hield ik Martin op de hoogte van mijn ervaringen. Hij was boos dat ik Dirk liet schieten. "Hij is vrij en kan je een goed leven bieden," zei hij. "Je moet het een kans geven, de liefde komt later wel. Zo is het bij mij ook gegaan." Verder had ik ook nog een andere relatie van een maand of zes, ook deze man bleek gebonden te zijn.

Martin en ik zagen elkaar wel in die periode, maar we hielden afstand.

Toen deze relaties stopten, werd alles weer als vanouds.

Ikzelf kom uit een gebroken gezin. Mijn ouders zijn gescheiden. Ook zij waren twee eenzame mensen, kinderen nog toen ze trouwden. Er werden drie kinderen geboren, in feite tegen hun zin. Mijn moeder kwam uit een conservatief burgerlijk milieu waar goed en fout duidelijk van elkaar gescheiden waren. Ze heeft weliswaar goed voor ons gezorgd, maar ze had kritiek op

mij: ik gedroeg me in haar ogen niet als een goed opgevoed meisje. Mijn vader voelde zich thuis tussen kunstenaars. Met ons, zijn
kinderen had hij weinig contact. Ik herinner me hem voornamelijk lezend in zijn boeken. Hij voelde zich eenzaam in dit huwelijk en had vriendinnen. Dat was niet acceptabel voor mijn moeder en toen ik elf was, zijn ze uit elkaar gegaan. Mijn moeder
redde het allemaal, maar had geen oog voor mij. Ik was geen gelukkig kind, maar dat was vóór de scheiding ook al zo.

Na de scheiding van mijn ouders had mijn vader diverse vriendinnen. Ik was altijd erg nieuwsgierig naar ze. Ik had de behoefte om ze te leren kennen en dat gebeurde dan ook, daar zorgde
ik wel voor.

Achteraf, als ik op mijn leven terugkijk, besef ik dat ik het aspect
van ontrouw in de liefde van alle kanten ervaren heb. Als kind
van een overspelige vader. Als vrouw van een overspelige echtgenoot. En nu als geliefde van een overspelige man.

Het bestaan in de marge van Martins leven heb ik leren accepteren. Ik heb voor het eerst van mijn leven ervaren dat ik herkend
en erkend word als mens en ook als vrouw. Door Martin. Vooral
dat laatste was nieuw voor me en dat is een bijzondere ervaring.
Het heeft ertoe geleid dat ik me stevig genoeg voelde en een
zoektocht naar mezelf ben begonnen. Als ondersteuning heb ik
therapieën gevolgd.

Door die zoektocht had ik grote behoefte om alleen te zijn. Ik
heb heel wat doorworsteld in mijn eentje. Ik had de ruimte niet
voor iemand naast me. Mijn behoefte om mezelf te vinden en
alleen te zijn was groter dan de behoefte aan een man in mijn
huis. Veel groter dan het verlangen naar een gezin.

Ik voelde me veilig want Martin was altijd op de achtergrond
aanwezig.

Mijn moeder is een jaar of tien geleden overleden en na haar
dood heb ik een zware depressie doorgemaakt. Voor mijn ontwikkeling was het belangrijk dat er iemand was van wie ik hield.

Aan de andere kant vond ik het heerlijk om alleen thuis te zijn, te luisteren naar de troostende muziek van Händel en Bach, muziek die Martin niet veel zegt.

Martin had nooit meegemaakt dat iemand depressief was en er open over sprak. Ik was heel eerlijk en vertelde hem over mijn stemmingswisselingen en mijn behoefte om alleen te zijn. Het was een nieuwe ervaring voor hem.

Uiteindelijk heeft mijn zoektocht vruchten opgeleverd. Ik voel me gelukkiger en sterker dan ooit tevoren.

In de loop van de jaren ben ik nog vaak bij het gezin van Martin op bezoek geweest: bij de geboortes van de kinderen, bij verjaardagen, bij belangrijk familiebezoek. Kortom, wanneer er iets te vieren viel. Ik heb zijn hele familie ontmoet, broers, zusters, vader en moeder en zelfs die van zijn vrouw.

Over het algemeen word ik als familievriendin uitgenodigd door de vrouw van Martin, soms nodig ik mezelf uit. Martins vrouw mag mij graag. Ze ziet in mij een vrouw die het goed voor elkaar heeft, een vrouw van de wereld.

Vaak heb ik me er ook eenzaam en verlaten gevoeld. Desondanks bleef ik naar ze toe gaan. Ik realiseer me dat ik er toch bij wil horen en wil zien waar en hoe zijn leven zich afspeelt. De komst van zijn kinderen vond ik erg moeilijk. Toen ik rond de veertig was en het duidelijk werd dat ik met Martin door zou gaan en dat er voor mij geen sprake zou zijn van kinderen, heb ik een periode van diepe rouw doorgemaakt. Uiteindelijk heb ik het geaccepteerd.

Tegenwoordig kan ik met liefde naar zijn gezin kijken. Echt. De band met zijn familie is erg belangrijk voor me geworden. Met alle vijf de kinderen heb ik een heel goed contact, met name met de oudste dochter heb ik een sterke band. Ik ken ze allemaal van kleins af aan. Ze mogen mij graag, zijn nieuwsgierig naar me.

In het begin klaagde Martin regelmatig over zijn vrouw. Maar langzaam veranderde dat en ging hij steeds aardiger dingen over zijn vrouw vertellen. Ik weet zeker dat ik daarin een rol heb gespeeld. Door de jaren heen had ik veel gesprekken met Martin over de behoeftes van vrouwen. Ik heb hem duidelijk kunnen maken dat het belangrijk is om vrouwen als gelijke te beschouwen en te behandelen. Op mijn aandringen gaan hij en zijn vrouw zelfs af en toe met elkaar uit eten en gaan ze samen een weekendje weg. Hij heeft mijn advies opgevolgd en hij is ervoor beloond. Hij is in de loop van de jaren veel van zijn vrouw gaan houden en heeft groot respect voor haar gekregen. Zij is een krachtige vrouw die hem steunt bij zijn zakelijke ondernemingen. Hij kan niet meer zonder haar.

Ik vind het erg belangrijk, ook voor ons samen, dat hij thuis gelukkig is. Dat vind ik echt. Ik zou het vreselijk vinden als hij naar mij zou vluchten, weg van zijn gezin. Ik wil zijn geluk en niet iets anders.

Tegenwoordig hebben Martin en ik het over het uithuwelijken van zijn kinderen; ze beginnen namelijk op de huwbare leeftijd te komen. Krijgen ze de vrije keus of niet? Allemaal dingen die spelen in zijn familie.

Wij weten niet of zijn vrouw iets vermoedt. Het liefst zou hij haar alles vertellen, maar hij denkt dat ze het niet aankan, dat ze kapot zou gaan, dat ze hem zal afwijzen. Soms denk ik dat voor hem de situatie nog het moeilijkst is. Er is immers niemand met wie hij over mij kan praten.

Ikzelf heb na al die jaren weinig last van "het geheim". Waar het mogelijk is, hou ik niets geheim, behalve wanneer ik bij zijn familie op bezoek ga. Verder vindt hij het lastig om met mij over straat te lopen. Hij is bang om herkend te worden. Ik heb er begrip voor, maar blijf het moeilijk vinden.

Mijn ouders wisten al vrij snel van mijn relatie met Martin. Ze hebben hem geaccepteerd en zijn erg op hem gesteld geraakt. Ook mijn broer en mijn zus accepteren hem als mijn partner. Sommigen van mijn vriendinnen zijn kritisch, dus met hen praat ik niet over Martin. Ze vragen ook niet naar hem. Anderen zijn meelevend en geïnteresseerd. Er zijn ook mensen die denken dat ik geld krijg van Martin. Dat is het stereotiepe beeld en dat is beslist niet het geval. Ik zou het ook niet willen.

De laatste jaren zien we elkaar minder vaak. Martin en zijn vrouw gaan regelmatig lange tijd naar Manado. Zijn moeder is ziek en heeft verzorging nodig. Bovendien heeft Martin ook hier een druk bestaan want hij is inmiddels eigenaar van een aantal winkels. Hij is een uitstekend zakenman.
Als hij bij mij komt, gaan we meestal naar mijn tuinhuis. Daar zijn we ongestoord blij en gelukkig. Soms koken we er samen, dat vinden we allebei heerlijk. Ik koop lekkere dingen op de markt en vervolgens staan we samen in het piepkleine keukentje en proberen nieuwe gerechten uit.
We hebben het vaak over de toekomst. Martin voelt zich erg verantwoordelijk voor mij en is bang dat ik alleen achterblijf. Op zijn aandringen heb ik een aantal keren gereageerd op contactadvertenties. Het is tot nu toe niets geworden… Al die tijd leefde Martin mee, ook al vindt hij het moeilijk.

Natuurlijk, ik weet niet wat de toekomst voor mij in petto heeft, maar ik fantaseer er weleens over. Dan zie ik ons met z'n drieën wonen, boven op een berg, vlak aan zee in Manado. In een groot huis met een aparte vleugel voor mij.
Toen ik hem ontmoette, had ik graag helemaal met hem in zee willen gaan. Nu, na al die jaren, weet ik het niet meer. De behoefte om met hem samen te zijn, is sluimerend aanwezig. Soms mis ik hem verschrikkelijk in mijn dagelijks bestaan, maar aan de andere kant geniet ik van mijn vrijheid en van het alleen zijn.

Er zijn beslist periodes geweest dat ik me erg ongelukkig voelde met de situatie. Maar dat is voorbij. Dit is mijn weg, zo zie ik het, hoe moeilijk ook. We hebben dan ook besloten om niet meer uit elkaar te gaan.

Ik denk dat we twee mensen zijn die deze moeilijke situatie hebben kunnen trotseren en realiseren en daar ben ik eigenlijk trots op.'

Een man houdt van twee vrouwen

Martin houdt duidelijk van twee vrouwen. Dat hij niet kiest, is mede cultureel bepaald. Hij is gaan houden van zijn vrouw, en hij hield al van Rina. Liefde is iets anders dan verliefdheid. Bij verliefdheid spelen hormonen en neurotransmitters (een stof die signalen doorgeeft tussen zenuwen) een rol. Phenylethylamine (PEA) bijvoorbeeld. Deze stof – die van nature in je lichaam voorkomt – lijkt op amfetamine; je kunt de hele wereld aan en nachtenlang doorvrijen met je geliefde. PEA zorgt er bovendien voor dat de neurotransmitter dopamine vrijkomt. Deze is belangrijk bij het ervaren van genot en blijdschap. Noradrenaline doet ook zijn werk. Deze geeft je een euforie gevoel, en zorgt tevens voor de aanmaak van het stresshormoon adrenaline in de hersenen. Het gevolg: hartkloppingen en vlinders in je buik. Het gevoel dat de hormonen teweegbrengen is verslavend; je wilt die geliefde zo vaak mogelijk zien.

Op het moment dat de verliefdheid plaatsmaakt voor 'houden van' zijn neurotransmitters en hormonen wederom van belang. Neurotransmitter endorfine en waarschijnlijk ook het hormoon oxytocine leggen groot gewicht in de schaal. Wanneer je partner in de buurt is, maakt je lichaam deze stoffen aan. Endorfine zorgt voor een ontspannen en comfortabel gevoel, oxytocine geeft een gevoel van verbondenheid.

In feite is het verbazingwekkend wat een mens bij een ander teweeg kan brengen. Martin kan van twee vrouwen houden. Vergelijk het met een gezin met vier kinderen. Hier is de ouderliefde voor de kinderen niet exclusief, maar wel degelijk aanwezig; de meeste ouders houden zielsveel van hun kinderen. Maar op twee mensen tegelijk verliefd zijn, is lastig.

Cijfers

Zo'n 1 op de 3 vrouwen is vroeg of laat minnares van een getrouwde man. 80% van al deze minnaressen weet zéker dat deze geliefde dan voor hen zal kiezen. Maar, slechts 1,5% van de vreemdgangers verlaat hun vrouw. Ook andersom liegen de cijfers er niet om. De kans dat je een keer in een relatie wordt bedrogen, ligt volgens het Nationaal Centrum voor Wetenschap en Technologie tussen de 40% en 76%. Binnen het huwelijk gaat 23% tot 25% van de mannen vreemd, van de vrouwen 12% tot 15%.

Natuur

Aan de hand van bovenstaande cijfers rijst het vermoeden dat mensen van nature geneigd zijn om vreemd te gaan. En in het dierenrijk is het net zo. Hoewel diverse vogels en muskusratten, bevers, reebokken en woelmuizen bij één partner blijven, heeft de rest van de dieren seks met verschillende soortgenoten. Bij apen, waaronder de mensapen, is monogamie niet de norm. Gorilla's en orang-oetangs vormen harems, en bij chimpansees en bonobo's paren zowel mannetjes als vrouwtjes met verschillende dieren uit de groep.

Het (mens)vrouwtje vindt het belangrijk dat haar man bij haar blijft en voor de kinderen zorgt. Daarom vindt zij een slippertje vaak niet zo'n ramp. Maar wanneer de buitenechtelijke relatie serieuze vormen begint aan te nemen, en zij twijfelt over de langetermijnbedoelingen van haar man, begint het te knagen. Bij mannen is het precies andersom. Zijn grootste zorg is dat het nageslacht zijn genen draagt. Anders verspilt hij zijn energie. Daarom zijn mannen vaak vreselijk bezitterig en juist overstuur als de vrouw een slippertje maakt. Hij loopt namelijk een groot risico dat het kostbare eitje is vergeven aan een ander.[2]

Hij had macht over mij

Hetty en Bob

'Eerlijk gezegd was ik erg teleurgesteld in mannen. Ik was zeven-entwintig, had twee grote liefdes achter de rug, met heel veel liefdesverdriet. Allebei de keren vanwege ontrouw. Ik werd ook al een beetje wanhopig. Bang dat ik alleen over zou blijven. De droom dat ik een man en een groot gezin zou krijgen had ik al een beetje laten varen, ook omdat medisch onderzoek uitwees dat ik waarschijnlijk geen kinderen kon krijgen. Langzamerhand vond ik mezelf ook al te oud voor een huwelijk.

Bovendien waren het de jaren zestig. De seksuele revolutie was in aantocht. Alle getrouwde mannen die ik kende gingen vreemd. Dat was bijna een statement. Allerlei taboes werden overboord gegooid, ook de huwelijkstrouw. Ook ik gooide heilige huisjes omver. Ik was beslist niet uit op een huwelijk en had veel vriendjes, nooit serieus.

In die fase van mijn leven ontmoette ik Bob.

Al jaren tevoren, ik was toen nog maar zestien, was hij me al opgevallen toen ik hem zag rondlopen op een terras. Een charismatische man. Ik was zo onder de indruk van hem dat ik vroeg wie hij was en dacht: als ik hem ooit weer zie, wil ik hem leren kennen.

Dat gebeurde tien jaar later. Ik werkte bij een klein bureau dat met vernieuwende, creatieve dingen bezig was. Er kwamen veel mensen over de vloer, onder wie Bob. Soms had ik een kort zakelijk gesprekje met hem. Inmiddels wist ik dat hij getrouwd was en buiten zijn huwelijk vriendinnetjes had. Bovendien hoorde ik dat hij eigenaar was van een grote onderneming en dat hij rijk was.

Vanaf die tijd kwam ik hem regelmatig tegen in cafés, altijd met een jonge vriendin, nooit dezelfde. Toen dacht ik: dat wil ik ook. En ik besloot hem te laten merken dat ik hem leuk vond.

Korte tijd erna kreeg ik de gelegenheid. Na mijn werk dronk ik in een café een drankje en onverwachts kwam Bob binnen. Hij liep meteen op me af en we begonnen een praatje. Ik vertelde hem vrijwel onmiddellijk dat ik hem ooit gezien had op dat terras, lang geleden. Hij vertelde op zijn beurt dat ik hem deed denken aan een vrouw die veel voor hem betekend had. Ik vond hem spannend. Het gesprek duurde niet lang want hij was in gezelschap, maar vanaf die tijd kwam hij me weleens opzoeken op mijn nieuwe werkplek, vlak in de buurt.

Een jaar of twee na die ontmoeting in het café verhuisde ik naar Den Haag in verband met een nieuwe baan. Tot mijn stomme verbazing kwam hij mij ook daar opzoeken. Via mijn oude werkgever had hij achterhaald waar ik werkte.

Ik ben niet lang in Den Haag gebleven, twee maanden maar. Ik ben vertrokken omdat ik onrechtvaardig werd behandeld. Uiteraard vertelde ik het Bob. Hij was het volkomen met me eens en om dat te bekrachtigen liet hij me ophalen door een limousine met chauffeur zodat ik het pand in volle glorie kon verlaten. De chauffeur bracht me vervolgens naar zijn werkplek, een mooi, groot gebouw waar hij op me zat te wachten in zijn kantoor. Ik was enorm onder de indruk en zenuwachtig. Eerlijk gezegd had ik grote moeite om hem te verstaan want hij sprak binnensmonds. Maar ik deed erg mijn best. Dat wel. Lachen op het juiste moment en zo.

Vanaf die tijd zagen we elkaar regelmatig. Al snel vond ik nieuw werk. Vaak kwam hij me afhalen, stuurde me taart en bloemen. We gingen ook wel met elkaar uit eten.

Spannend en leuk vond ik hem, maar lichamelijk niet aantrekkelijk. Ik heb erg aan hem moeten wennen. Ik was dan ook beslist niet van plan een verhouding met hem te beginnen.

Daardoor bleef de relatie lange tijd platonisch. Deze fase heeft zeker wel een half jaar geduurd. Bob was meer dan twintig jaar ouder dan ik. Eigenlijk vond ik dat hij een raar lijf had. Dat vond hij zelf ook, maar hij schaamde zich er totaal niet voor. Uiteindelijk moesten we er samen om lachen, om dat rare lijf van hem.

Toch werd de wederzijdse aantrekkingskracht groter. Ik raakte steeds meer onder de indruk van zijn charme en zijn persoonlijkheid. Hij heeft mij weten te verleiden door zijn enorme zelfspot en gevoel voor humor. Toen hij me uitnodigde om mee te gaan op zakenreis naar Rome, deed ik dat. Daar ging ik overstag en begon ik een relatie met het idee: Ik zie wel waar het schip strandt.

Vanaf het begin zei hij dat hij zijn vrouw nooit zou verlaten. "Je bent heel belangrijk voor me maar ik ga niet scheiden." Ik had er alle begrip voor. Hij had drie kinderen en zijn gezin was nummer één. Daar was hij zich terdege van bewust. Hij vertelde regelmatig over zijn vrouw, altijd met groot respect.

Kortom, ik ben bewust een relatie met hem aangegaan, wetende dat ik nooit met hem zou trouwen. Het was voor mij geen punt. Vanaf deze reis zag ik hem iedere dag, behalve op zondag. Altijd tussen vijf en zeven. Een paar uurtjes maar. *Un amour de cinq à sept.* Daarna ging hij naar huis.

We gingen borrelen op zijn kantoor of in de stad. Hij deed er niet geheimzinnig over. Hij liet graag aan anderen zien dat ik bij hem hoorde. Als we elkaar een dag niet konden ontmoeten, belde hij. Ik belde hem nooit.

Toch kan ik niet zeggen dat ik in die tijd verliefd was, ik was enorm onder de indruk van hem, dat wel.

Helaas, na een maand of vier kwam ik er door een toeval achter, dat er sprake was van nog een vriendin. Ik was totaal in de war toen ik dat hoorde en daarna werd ik woedend. Maar toen ik hem ermee confronteerde tijdens een lunch in een restaurant, ontkende hij. Aan zijn schutterige reactie zag ik dat het waar was. Ik heb een scène gemaakt, midden in dat restaurant en ben weggelopen. Ik wilde hem niet meer zien. Voor mij was onze relatie voorbij, afgelopen.

Bob probeerde mij overal te bereiken, bij mij thuis, via de telefoon, hij kwam langs op mijn werk, wilde mij absoluut zien. Maar ik wilde niet. Bob huilde, miste me zo, kon niet zonder mij. Dat kreeg ik allemaal van collega's te horen. Een paar weken na dit incident, toen ik tegenover mijn eigen huis op een terras zat, kwam hij langzaam met zijn auto de straat inrijden, langs mijn huis. Hij zag mij niet. Maar hij zag er erg eenzaam uit. Ineens kreeg ik met hem te doen.

Toen hij weer contact met me zocht, zwichtte ik. Ik kon hem niet weerstaan. Ik had hem ook gemist. Mijn gevoel voor hem zat dieper dan ik dacht, ook al kostte het me moeite om dat toe te geven.

Hij wist me duidelijk te maken dat er weliswaar sprake was van anderen, maar dat het niet veel voorstelde, snelle affaires, meer niet. Hij verdoezelde wat er eigenlijk aan de hand was en ik geloofde hem maar al te graag. Dacht dat alle mannen nou eenmaal ontrouw waren. Hij vertelde graag uitvoerig over alle aandacht die hij van vrouwen kreeg en over zijn veroveringen in het verleden. Ik ging weer met hem door en accepteerde deze nieuwe situatie.

Ondanks alles wist hij me het gevoel te geven zijn uitverkorene te zijn. Hij was twintig jaar ouder, liep al tegen de vijftig. Vaderlijk was hij. Hij vond dat ik iets aan mijn gebit moest doen en stuurde me al vrij snel naar de tandarts, op zijn kosten.

Toen mijn allerbeste vriendin naar Singapore verhuisde en ik er erg verdrietig over was, kreeg ik een ticket om haar op te kunnen zoeken.

Kleding kreeg ik niet. Die maakte ik zelf, op de naaimachine. Ik had een erg leuke baan maar verdiende heel weinig en had geen geld om mooie kleren te kopen. Bob had grote bewondering voor alles wat ik in elkaar flanste.

Ik vond het heerlijk om met hem op stap te gaan. Hij nam me overal mee naar toe. Hij vertegenwoordigde een wereld die ik spannend vond. Al snel ging ik ook regelmatig met hem mee wanneer hij voor zaken naar het buitenland moest. Dan liet hij me komen. Meestal reisde hij vooruit met de trein en ik kreeg een vliegticket. Ik kon het vrij makkelijk regelen met mijn werk omdat ik onregelmatige roosterdiensten had en diensten kon ruilen met collega's. Hij had een huis in Parijs en in Nice. Daar leerde ik na verloop van tijd ook zijn internationale vriendenkring kennen, over het algemeen rijke zakenmensen. Hij hield me beslist niet verborgen. In het buitenland werd een buitenechtelijke relatie volkomen geaccepteerd. Ik was zijn maîtresse. Dat wist iedereen. De meeste mannen hadden ook een jonge vriendin.

Als hij met zijn familie in een van zijn huizen verbleef, reisde ik hem, op zijn verzoek, achterna. Ik logeerde dan in een hotel en nam vriendinnen mee. Allemaal op zijn kosten.

Ik had een leuke tijd met hem. Hij was aantrekkelijk, lief, intelligent en heel humorvol. Ik heb met niemand zo gelachen als met hem.

Bob was ook verzorgend en beschermend. Als ik ziek was, maakte hij zich ongerust en belde een dokter. Als ik op vakantie was geweest zat mijn ijskast vol met lekkere dingen. Hij was heel attent. Mijn huis stond altijd vol met prachtige boeketten, bloemen waar ik van hield, met zorg uitgekozen. Hij gaf me het gevoel dat ik op hem kon rekenen. Hij hield in de gaten wanneer ik iets nodig had. Bovendien kreeg ik warmte van hem. Hij gaf me wat ik zocht in een man. Alles wat ik bij mijn vader zo had gemist.

Toen ik verhuisde naar een ander groter huis, hielp hij me, omdat ik te weinig verdiende om de spullen zelf aan te schaffen: een bank, nieuwe vloerbedekking. Bovendien zorgde hij ervoor dat mijn huis geschilderd werd.

Hij kwam vaak bij mij thuis. Na mijn werk ging ik snel naar huis, knapte mezelf op en dan kwam hij. Boodschappen hoefde ik niet te doen. Hij nam altijd van alles mee. Onze seksuele relatie bloeide op. Het was altijd gezellig. Hij was zeer aanwezig, had van alles te vertellen. Maar rond zevenen vertrok hij weer. Ik vond het prettig zo. Ik had een grote vriendenkring. Op deze manier had ik ook nog tijd voor andere dingen dan Bob. Regelmatig, wanneer hij in de avond een vergadering had, zag ik hem ook 's avonds.

Ik heb nooit de behoefte gehad dat hij bleef slapen. Integendeel: hij snurkte verschrikkelijk en daar kon ik niet tegen. Als ik met hem op reis was kon ik er vaak niet van slapen.

In het buitenland gingen we veel uit, naar gerenommeerde nachtclubs in Londen, Parijs. Als ik daar al die prachtig geklede vrouwen zag, voelde ik me nogal ongelukkig in mijn zelfgemaakte kloffie. Ik kreeg behoefte aan mooie kleren.

Voor Bob hoefde dat niet, maar uiteindelijk vond hij het leuk om samen naar chique winkels te gaan en me mooi aan te kleden. Ik kreeg er een speciale behandeling, het was heel normaal dat mijnheer er een vriendin op na hield. Ik kreeg ook wel andere dingen van hem, "de Buit" noemde hij dat. Juwelen kreeg ik niet, dat vond hij onzin.

Vrij snel na onze ontmoeting vertelde ik het aan mijn ouders. Ik was er vol van, kon mijn mond niet houden. En ik was trots. Na een paar jaar ontmoetten Bob en mijn ouders elkaar, dat verliep soepel. Vanaf die tijd kwam hij regelmatig bij ze over de vloer, ook op verjaardagen van familieleden. Ze mochten hem graag. Mijn vader zei wel: "Hij heeft je in een gouden kooi gestopt." Toch had mijn vader respect voor hem. Bob ontwapende ieder-een met zijn charme en gevoel voor humor. Ook mijn vader.

Mijn ouders hadden een goed en hecht huwelijk. Mijn vader was gek op mijn moeder. Ik was de jongste van drie kinderen en werd heel streng opgevoed. Eigenlijk was ik niet de bedoeling, ik was een ongelukje geweest. Mijn vader was koel, afstandelijk en streng ten opzichte van mij. Er was geen warmte. Ik kreeg voort-durend straf. Ik heb nooit begrepen waarom, misschien vond hij me te brutaal. Ik sloot me voor hem af, trok me niets van hem aan. En hij vertrouwde mij niet. Ik ben altijd dwars ge-weest, had het gevoel dat ik niet in dat gezin thuishoorde. Al heel jong koos ik mensen uit bij wie ik het leuker vond dan bij mijn ouders thuis. Om hem uit te dagen ging ik om met mensen die hij niet kon waarderen. Al jong ging ik het huis uit. De rela-tie met mijn vader is altijd moeizaam gebleven.
Ook van mijn moeder kreeg ik weinig liefde. Ze was heel cre-atief, maar psychisch labiel. Ze is een keer opgenomen geweest en was voornamelijk met zichzelf bezig. Mijn vader beschermde haar.
Pas toen mijn vader gestorven was, kreeg ik een goed contact met mijn moeder, mede dankzij Bob. Hij heeft me bewust ge-maakt van het idee dat ik mijn ouders moest accepteren zoals ze waren. Hij vond het erg belangrijk dat ik het respect voor hen terugvond.

Op een bepaalde manier was de relatie tussen Bob en mij zeer gelijkwaardig. Ik zette hem niet, zoals heel veel mensen om hem heen, op een voetstuk. Hij was een bazig type, probeerde beslist om me te domineren, maar dat tolereerde ik niet. Ik vermoed dat hij dat aantrekkelijk vond.

Aan de andere kant was onze relatie helemaal niet gelijkwaardig. Hij had macht over mij. Draaide kraantjes dicht als iets hem niet zinde. Ik heb mooie cadeaus van hem gekregen, maar moest ze vaak ook weer teruggeven wanneer hij kwaad op me was. Hij gebruikte zijn macht.

Op politiek gebied stonden we ook beslist niet op één lijn: Ik ben heel maatschappelijk en sociaal ingesteld, kom uit een links nest. Hij was rechts en vond mijn ideeën maar dom.

Ik hoorde geruchten over andere vrouwen met wie hij omging, maar Bob verdoezelde het en deed er vaag over, alsof het niets bijzonders was. Ik geloofde het maar al te graag.

Dat hij getrouwd was, wist ik, dat had ik geaccepteerd. Maar na een jaar of vier verloor ik mijn naïviteit en begon ik de behoefte te krijgen om te weten hoe het eigenlijk allemaal in elkaar zat. Ik trok de stoute schoenen aan en belde de andere vriendin over wie ik in het begin van onze relatie al gehoord had en maakte een afspraak. Hun verhouding bleek veel serieuzer dan ik dacht. Een meisje dat nog een stuk jonger was dan ik. Het was een klap voor me. Maar het was ook een opluchting dat ik eindelijk wist wat er aan de hand was.

Vanaf die tijd ben ik gaan zoeken naar een andere relatie om los van Bob te komen. Ik wist inmiddels dat Bob meerdere vriendinnen naast mij had, maar hij bleef er duister over doen. Echte leugens vertelde hij nooit, hij verdoezelde de boel, hij praatte er overheen. Zijn verdoezelingen begon ik jokkerijen te noemen. Binnen een dag had ik het in de gaten. Ik realiseerde me dat hij seksueel onverzadigbaar was en dat hij bevrediging bij voorkeur "buitenshuis" zocht.

Ik wist het, voelde het, werd er onrustig van en betrapte hem vaak op deze leugentjes. Ik werd boos op mezelf wanneer ik er weer was ingetrapt. Maar uiteindelijk kon ik ermee leven, want ik begon zelf ook met andere vriendjes, nooit erg serieus. Ik dacht: wat jij kan, kan ik ook. Ikzelf deed er ook geheimzinnig over, maar Bob kwam er altijd achter. Wanneer duidelijk werd dat er iemand anders in het spel was, werd hij heel verdrietig. Huilen, zelfs. Bovendien moest ik dan vaak zijn cadeaus teruggeven. Maar hij vergaf me altijd, net als een vader.

Ik zei hem eerlijk dat ik niet met hem zou willen trouwen, dat ik iemand anders zocht. Eigenlijk was ik voortdurend van plan om bij hem op te stappen. Maar ik vertelde hem ook dat ik moeite had iemand te vinden die net zo leuk was als hij. In feite werd onze relatie een groot spel. Aantrekken en afstoten. Eerlijk gezegd had ik ook andere relaties om Bob te pesten. Vaak leuke mannen. Uitdagen en kijken. Wraak. Ondanks alles, ook mijn eigen escapades, had ik een sterke band met Bob.

Op mijn werk had ik het altijd erg naar mijn zin gehad. Maar na een paar jaar begon ik onvrede te voelen, ik wilde meer, wilde wat anders. Dat was binnen deze culturele instelling niet mogelijk. Uiteraard sprak ik erover met Bob. Hij stelde een makelaarscursus voor. Dat leek me wel wat. Het plan was dat ik halve dagen zou gaan werken en daarnaast een opleiding zou gaan volgen. Bob zou mijn salaris aanvullen.
Helaas, het plan mislukte, ik vond het vreselijk en stopte er na drie weken mee. Bob vond het maar slap. Op mijn werk was mijn plek meteen ingenomen door iemand anders dus voor hele dagen werken kwam ik daarna niet meer in aanmerking. Deze situatie is zo gebleven. Ik had een halve baan en Bob vulde mijn salaris aan. Ik vermoed dat het Bob niet slecht uit kwam, want daardoor kreeg ik meer tijd voor hem.

Diep in mijn hart was ik op zoek naar iemand om mee te trouwen en een gezin te stichten. Iemand die trouw was en vol toewijding, net als mijn vader. Die man heb ik gevonden.

Ik was inmiddels een jaar of zevenendertig en ontmoette iemand die een serieuze kandidaat leek. Al snel besloten we om te trouwen. Iedereen was blij dat ik eindelijk een serieuze relatie had, ook Bob. Maar vlak voordat ik trouwde wist ik eigenlijk al dat ik een foute keuze had gemaakt. Ik vond mijn aanstaande echtgenoot oeverloos saai. Bob zag ik nauwelijks meer. De laatste keer dat ik hem zag, liet ik doorschemeren dat ik spijt had van mijn beslissing. Toch ben ik getrouwd, ik heb me mee laten slepen door het enthousiasme van mijn omgeving. Na de huwelijksvoltrekking bleek mijn echtgenoot enorme schulden te hebben.

Aanvankelijk leek het erop dat Bob mij los kon laten, maar na een aantal weken bleek dat toch heel anders te liggen. Hij was kapot van verdriet. Hij kwam voortdurend bij me langs in alle staten van ontreddering. Het werden enorme confrontaties. Hij kwam zelfs op mijn werk langs, ook wanneer ik er niet was en dan kreeg ik van mijn collega's te horen hoe overstuur hij was. Hij ging naar mijn ouders, die diep medelijden met hem kregen, hij ging naar mijn vriendinnen, hij ging naar een waarzegster, raadpleegde een astrologe en hij vermagerde zienderogen. Langzamerhand realiseerde ik me dat hij veel meer om me gaf dan ik altijd had gedacht.

Ik hield het een maand vol om hem niet te zien, terwijl ik wist dat hij erg overstuur was. Toen ging ik weer overstag. Een paar maanden na mijn huwelijk ben ik dan ook al weer gescheiden. Achteraf gezien was dit huwelijk een noodsprong. Mijn ex was woedend en bleef in mijn huis wonen, inclusief al mijn spullen. Hij deed een ander slot op de deur en ik kwam er niet meer in. Toen had ik niets meer.

Bob hielp me enorm, zorgde voor een ander huis en een nieuwe inrichting. Daarna veranderde er veel. Ik kreeg een andere positie. Hij gaf mij het gevoel dat ik nummer één voor hem was, ik kreeg erkenning en bovendien zou er voor mij gezorgd worden, ook in de verre toekomst. Ik kreeg naast mijn oude baan voor halve dagen, werk binnen zijn bedrijf aangeboden. Werk dat ik erg leuk vond en dat helemaal bij me paste. Hij kocht een groot huis waar ik in mocht wonen en ik kreeg prachtige cadeaus. We gingen veel samen op stap en maakten plannen voor de toekomst. Bob zou een huis voor mij kopen in Italië. Liegen over zijn andere vriendinnetjes deed hij niet meer. Hij had er genoeg van. Hij pakte het anders aan, vertelde er open over en nam zijn nieuwe liefdes zelfs mee naar dat nieuwe grote huis waar ik in woonde. Hij wilde graag dat iedereen kennis met me maakte. Ik wist eindelijk waar ik aan toe was, voelde me de uitverkorene en had geen last van jaloezie. Het waren vaak leuke vrouwen die hij meebracht en het werd meestal reuzegezellig.

In die periode dachten we zelfs aan een kind. Bob vond het heel erg voor mij dat ik geen kinderen had. Er was zelfs sprake van de nieuwe mogelijkheid, van IVF, maar toen ik me realiseerde dat ik dan met het kind naar het buitenland zou moeten verhuizen, liet ik het idee varen. Bob zou nooit erkennen dat het zijn kind was. Het kind zou een geheim worden en zo'n geheim met alle consequenties die erbij hoorden, wilde ik niet. Deze beslissing kostte me moeite, maar er stond veel tegenover. We reisden veel en hadden het leuk samen.
Ik had het sterke gevoel dat alles zich ten goede had gekeerd.
Hij was mijn maatje, ik wist wat ik aan hem had. We plaagden elkaar op een vriendelijke manier en begrepen elkaars stoutigheden. Alleen dat prachtige nieuwe huis waar ik in woonde was eigenlijk te groot voor mij. Ik voelde me er niet thuis. We zaten dan ook meestal samen in de keuken.
Na ruim twee jaar kwam er een eind aan deze gelukkige periode.

Terwijl we samen door Maastricht liepen, gebeurde het. We staken over op een drukke, vrij smalle weg. Daar werd Bob geschept door een automobilist die achteraf dronken bleek te zijn. Mij mankeerde niets maar hij was er slecht aan toe. Een schedelbasisfractuur en hersenkneuzingen. Hij heeft weken in het ziekenhuis gelegen. Hij was niet in levensgevaar maar het was onduidelijk of zijn hersenen zouden herstellen van de enorme klap. Het was een vreselijke tijd.

Het duurde heel lang voor Bob er weer bovenop kwam en hij weer redelijk kon functioneren. Er was onherstelbare schade aangericht. Hij was somber geworden en was zijn gevoel voor humor kwijt. Hij werd dwars, cynisch en argwanend.

Ook met mij ging het slecht. Ik kwam ook in het ziekenhuis terecht. Eerst een zware darmoperatie en daarna een baarmoederoperatie. Het werd duidelijk dat ik nooit kinderen zou kunnen krijgen. Dat laatste was een enorme klap voor me. Ik was er slecht aan toe, woog nog maar 45 kilo.

Door alle spanningen van de afgelopen periode kwam ik in een depressie terecht. Ik wilde niets meer. Een jaar lang kon ik alleen maar huilen. Bovendien begon ik te drinken.

Ik bleef wel doorwerken, het was mijn houvast. En wat erg belangrijk was, mijn collega's waren erg lief voor me en hebben me er doorheen gesleept.

Bob kon weinig voor me doen, hij was lief maar had zijn handen vol aan zichzelf. We zagen elkaar dan ook niet meer zo vaak. Mijn interesse in seks was nooit erg groot geweest maar na alle operaties hield onze seksuele relatie helemaal op. Toen duidelijk werd dat ik geen kinderen kon krijgen, stopte ook mijn seksuele behoefte. Bob begreep het, kon het accepteren.

Na zijn ongeluk heeft onze relatie nog een aantal jaren geduurd maar het werd nooit meer vrolijk en ontspannen. Eigenlijk hebben we nooit meer samen gelachen. In alle leuke plannen die we samen hadden had hij geen zin meer.

Zijn karakterverandering vond ik verschrikkelijk. Hij was vaak achterdochtig, beledigend en cynisch. "Als je maar niet denkt dat je mijn weduwe wordt." Daardoor nam ik afstand van hem. Soms voelde ik zelfs weerzin. Daardoor veranderde onze liefdesrelatie, het ging over in een vriendschap. Ik maakte me zorgen over hem, kreeg moedergevoelens.

Verder breidde de werkrelatie zich uit. Ik had de halve baan binnen zijn bedrijf. Maar ik begon ook andere dingen voor hem te doen. Omdat hij wist dat hij mij kon vertrouwen nam ik een aantal taken van hem over, zoals de verbouwing en de inrichting van zijn nieuwe flat in Parijs. Ik genoot van het uitgeven van een heleboel geld. Nou ja… zijn geld.
Ondertussen hield Bob zijn vriendinnetjes, ze werden steeds jonger. Hijzelf werd steeds cynischer. Hij ging ver: "Als je vijftig bent, ben je niet meer interessant voor mij."
Keihard, want dat gebeurde. Ik werd gedumpt. Hij kreeg een nieuwe vriendin. Ik had inmiddels eelt op mijn ziel gekregen. Ik had er geen zin meer in. Er zat te veel omheen, al die vrouwen en vriendinnetjes. Het was hard, maar ik was ook opgelucht. Ik had behoefte aan mijn vrijheid, wilde graag een echte relatie.

Een half jaar later ontmoette ik Jan. Jan is mijn redding geworden. Hij heeft mijn leven weer op de rails gezet. Hij was net gescheiden en we vonden troost bij elkaar.
Toen Bob erachter kwam dat ik een nieuwe vriend had, werd hij woedend. Ik moest alle cadeaus die ik ooit van hem had gekregen, teruggeven. Kinderachtig vond ik dat.
Ik verhuisde en vanaf die tijd zagen Bob en ik elkaar alleen nog maar af en toe. Met Jan begon ik een nieuw leven.

Ik ben veel meer mezelf geworden. Bob was beslist een belemmering. Ik werd altijd bekeken als "de vriendin van…". Ik stond altijd in zijn schaduw. Als ik alleen was zonder hem, herkenden mensen die ik de vorige dag nog gesproken had, mij niet eens. Ik kwam niet uit de verf naast hem.

Bovendien is mijn maatschappelijke carrière ook beknot door mijn relatie. Mijn talenten op dat gebied zijn niet ontwikkeld. Dit heeft ook te maken met mijn generatie; meisjes werden opgevoed met het idee dat ze gingen trouwen en niet dat ze iets in de maatschappij moesten presteren. Maar dat was het niet alleen. Door mijn relatie met Bob werd ik lui en gemakzuchtig. Ik ben niet inventief genoeg geweest om ervoor te zorgen dat ik selfsupporting werd. Pas achteraf kreeg ik het in de gaten. Maatschappelijk gezien ben ik niet geslaagd en dat is gedeeltelijk mijn eigen schuld.

Financieel gezien ben ik enorm teruggevallen. Lastig, het is niet leuk om weinig geld te hebben, maar ik kan het aan. Ik hou van een sober bestaan. Ik heb weinig nodig en kleding koop ik het liefst in de uitverkoop.

Vorig jaar is Bob overleden. Hij is begraven in besloten kring. Ik was er niet bij. Maar zijn secretaresse, met wie ik een heel goede band had, betrok me er bij.

Onze relatie heeft meer dan dertig jaar geduurd. Bob komt nog vaak voor in mijn dromen. Hij heeft veel voor me betekend, maar moeizaam was het wel. Zijn geld vond ik eerder benauwend dan aantrekkelijk. Maar ik moet eerlijk toegeven dat het heerlijk was om verwend te worden. De basis voor onze relatie was spanning, spielerei, sensatie. Heerlijk. Maar op een gegeven moment houdt dat op. Ik kreeg behoefte aan verdieping. Dat lukte niet met hem.

Toch moet ik erkennen dat ik, achteraf gezien, tot dat vreselijke ongeluk, meer plezier met hem heb gehad dan verdriet.'

Kader vastleggen

Als je verliefd bent, hoor je wat je wilt horen. Het gehoor én het oog – liefde maakt immers blind – zijn in deze periode een beetje aangetast. Omdat de minnares gehecht raakt aan de man (seks speelt bij vrouwen altijd een hechtende rol) voelt zij dat de relatie meer bestaansrecht heeft dan dat de man doorgaans in deze situatie vindt. Haar gevoel, mede veroorzaakt door de hechting door seks, heeft voorrang op de ratio. Bob zegt meteen tegen Hetty: 'Ik verlaat mijn vrouw niet.' De meeste vrouwen denken dan: wacht maar, mijn tijd komt nog wel. Of: dat meent hij toch niet.

Maar de mannen menen het wel. Het komt misschien hard en zakelijk over, maar het is wel eerlijk dat Bob het meteen ter sprake brengt. Hij stelt in feite meteen de regels, het kader waarbinnen de relatie moet blijven. In een dergelijke situatie is het voor een vrouw raadzaam de man op zijn woord te geloven, hem serieus te nemen.

Zij wordt jaloers

'Helaas, na een maand of vier kwam ik er door een toeval achter, dat er sprake was van nog een vriendin. Ik was totaal in de war toen ik dat hoorde en daarna werd ik woedend.' Hetty wordt jaloers op de andere vriendin van Bob. Natuurlijk weet Hetty dat Bob getrouwd is, dat had ze meteen al gerespecteerd. Sterker nog, ze wilde Bob helemaal niet van zijn vrouw afpakken. Ze respecteerde dat gegeven, respecteerde de aanwezigheid van zijn vrouw. Die situatie bestond namelijk al toen Hetty en Bob een relatie kregen.

Vrouwen die weten dat hun liefdespartner getrouwd is, denken: Hij ziet mij als een speciaal iemand, iemand van wie hij het waard vindt gevaar te lopen. Maar als er dan nóg iemand ten tonele verschijnt die diezelfde positie inneemt, dan is de positie van de minnares niet meer uniek. Zij is niet meer die ene speciale voor hem. Meer dan met de echtgenote is er sprake van concurrentie om zijn beschikbare tijd en aandacht.

Ik heb een andere opvatting over trouw

Sonja en Herman

'Ik heb een andere opvatting over trouw dan de meeste andere mensen. Trouw zit in je hart en niet in een boterbriefje. Eeuwige trouw ontaardt vaak in het verzwijgen van wat je echt beroert. Of in hondentrouw die slechts uit afhankelijkheid bestaat. Trouw zijn, door dik en dun, hoeft niet verstoord te worden door het geritsel van vreemde lakens. Ik vond mijn man Henk trouw, terwijl hij met veel andere vrouwen omging.

Toen ik op mijn zestiende jaar verkering met hem kreeg zei hij al tegen me: "Sonja, ik ben stapelgek op je, maar ik kan je niet beloven dat ik altijd alleen maar met jou zal zijn. Er zijn zo veel leuke vrouwen in de wereld." Goh ja, dacht ik, hij heeft gelijk, ze zijn inderdaad leuk en hartstikke mooi. Waarom zou je je hele leven rondlopen met oogkleppen op, alleen maar gericht op die ene…?

Nadat we jarenlang samen hadden gewoond, trouwden we. Na verloop van tijd kwam er ook een kind. Eigenlijk hadden we een traditioneel huwelijk. De opmerking over trouw van lang geleden, was niet meer ter sprake gekomen.
Toen ik zwanger was van mijn tweede kind kreeg ik het gevoel dat er iets aan de hand was. Ik had geen vat meer op hem. Uiteindelijk bleek dat er een nieuwe liefde in het spel was.

Henk had zijn vriendin Jeannette op het werk ontmoet en ze hadden al twee jaar een relatie. Eigenlijk stond Henk op het punt om het uit te maken. Hij werd verscheurd door zijn gevoelens voor mij en zijn vriendin. Hij was vastbesloten om bij mij te blijven.

Maar het pakte allemaal anders uit.

Want toen Henk aan zijn Jeannette vertelde dat hij een punt wilde zetten achter de relatie was ze wanhopig en dreigde zichzelf te pletter te rijden tegen een boom.

Toen ik dit van Henk te horen kreeg en bovendien dat het vermoedelijk geen loos dreigement was omdat ze erg labiel was, voelde ik me erg verantwoordelijk voor de situatie. Ik moest er niet aan denken dat iemand zich vanwege mij op zo'n afschuwelijke manier van het leven zou beroven. Daarom zei ik in een opwelling: "Neem maar mee naar huis," ik wist geen andere oplossing.

Ze kwam bij ons thuis op het moment dat ik net bevallen was van mijn tweede kind en uit het ziekenhuis kwam. Ik stond nog te bibberen op mijn benen. De sfeer was gespannen maar ik was omringd door familieleden die naar de baby kwamen kijken. Merkwaardig genoeg voelde ik me beschermd door het hulpeloze, pasgeboren kind dat ik in mijn armen had.

Ik zie haar nog binnenkomen. Ze was acht jaar jonger dan ik, een prachtige vrouw en stapelverliefd op mijn man. Ik was doodzenuwachtig, maar gelukkig deed ze niet vijandig, ze was zelfs heel aardig voor mij. Tot mijn eigen verbazing riep ze uiteindelijk mijn nieuwsgierigheid op. Ze had iets wat me aantrok.

De relatie tussen Henk en Jeannette bleef dus voortduren. Ik had het er erg moeilijk mee, had verschrikkelijke huilbuien. Stinkend jaloers was ik. En Jeannette ook. Toch was ik vast van plan mijn jaloezie te overwinnen. De eeuwigdurende relatie tussen man en vrouw stuitte me tegen de borst. Als voorbeeld had ik het huwelijk van mijn ouders, ze hadden niet veel ruzie maar het was een kabbeling van niets, een sleur. Ik wilde het anders. Bovendien realiseerde ik me dat een partner in een huwelijk niet alles kan geven wat nodig is. De meeste mensen zoeken aanvulling in vriendschappen. Henk deed het anders.

Deze hachelijke situatie heeft een tijd geduurd, maar er kwam een moment dat Jeannette en ik op elkaars schouder konden uithuilen. "Waar zijn we mee bezig," zeiden we tegen elkaar. "Laten we niet meer jaloers zijn en er het beste van maken, we vinden elkaar toch ook lief." Vanaf dat moment ging het een stuk beter. Achteraf ben ik ervan overtuigd dat, wanneer ik Henk gevraagd had ermee te stoppen, hij het had gedaan.

Naar mijn idee staat of valt zo'n ongewikkelde situatie met de houding van de man. Henk liep niet weg voor confrontaties en kon de problemen die ontstonden aan. In het begin, toen ik boos en jaloers was, luisterde hij altijd naar me. Wat misschien nog belangrijker was, hij kon me het gevoel geven dat hij nog net zo veel van me hield als daarvoor.

Jeannette had een heel ander karakter dan ik. Dat was aanvankelijk juist moeilijk, maar vanaf het moment dat ik dat kon accepteren en ook dankzij veel gesprekken met z'n drieën, begon de situatie hanteerbaar te worden.

Uiteindelijk zijn we met z'n drieën gaan samenwonen. We sliepen zelfs met z'n drieën in één bed. Het kwam er op neer dat ik ook een relatie met Jeannette kreeg. Een wonderlijke en leuke ontdekking. Er werden gevoelens bij mij wakker gemaakt die ik nooit had gehad. Ik kon liefde voelen voor een vrouw.

In het Belgische dorp waar we toen woonden, reageerden de bewoners nauwelijks op deze ongewone situatie. Ze noemden Jeannette mijn "zusterken" en dat was dat.

Na vijf jaar is Jeannette vertrokken, ze kreeg de behoefte om op eigen benen te staan. Ze is in Spanje gaan wonen en heeft nu een man en een kind. Ze is nog altijd een goede vriendin van mij.

Ik heb veel genoegen beleefd aan de relaties die volgden. Alles was zo anders dan alle huwelijken om ons heen. Met z'n drieën heb je een veel levendiger uitwisseling. Als je het aankunt en wanneer het goed gaat, geeft het veel meer mogelijkheden en is het veel fantasievoller. Ik vond het bijvoorbeeld leuk om met de vriendin te gaan winkelen of om met haar naar de bioscoop te gaan. Ook met de kinderen was het leuker. Ik hield er bijvoorbeeld niet van om met de kinderen te stoeien. Dat soort dingen deed de vriendin vaak met ze, ze vonden het allemaal heerlijk. Het werd er gezelliger door in huis en Henk was ook veel leuker. Er volgden veel vriendinnen. Van alle vrouwen met wie Henk iets had, was mijn oordeel van groot belang voor hem, ik was een soort spil. Dat was een prachtige positie. Ik heb weleens een vrouw afgewezen. Hij luisterde altijd naar mij.

Toch is ons huwelijk gestrand. Maar niet om die reden. Henk was een heel dominante man en zeer veeleisend. Ook daarom was het voor mij juist prettig wanneer er een andere vrouw bij ons woonde. Ik kon even ademhalen en kreeg meer bewegingsvrijheid. Maar in de loop van de tijd werd zijn dominantie erger. Hij duldde geen tegenspraak. Dat begon erge spanningen op te leveren. Toen onze oudste zoon in de puberteit kwam, ontstonden er enorme ruzies tussen hem en zijn vader. Lange tijd was ik degene die de zaak probeerde te sussen door het voor Henk op te nemen. Maar op een gegeven moment trok ik me terug en liet die twee ruziemaken. Openlijk nam ik geen stelling maar eigenlijk vond ik dat mijn zoon gelijk had. Toen ontstond er een tweespalt, want ik zag zeer onvolwassen gedrag bij Henk. Hij vond dat híj gelijk had; er viel niet met hem te praten.
Daar kwam nog bij dat hij altijd veel kritiek had op mij, ook in aanwezigheid van anderen, een vernederende situatie.

In die periode ben ik verliefd geworden op een andere man. Dat was nooit eerder gebeurd, al die jaren niet. Toen ik eindelijk de moed had opgebracht om het te vertellen was het huis te klein. Langzaam maar onafwendbaar ontstond toen bij mij het idee om bij Henk weg te gaan. Over deze beslissing heb ik jaren gedaan.

Toen hij op een gegeven moment thuiskwam met een mooie, jonge Poolse vrouw, zag ik een kans. Ik heb erop aangestuurd dat ze bij ons kwam wonen met het idee dat hij dan onder de pannen was, en ik weg kon gaan. Ik durfde hem niet alleen achter te laten, hij was zo'n ingewikkeld mens. Ik was bang voor de gevolgen, voor wraak, voor stalking.

Ik ben inderdaad vertrokken, nu alweer zestien jaar geleden. Vijftig jaar was ik inmiddels, drieëndertig jaar ben ik met Henk samen geweest. Toen ik vertrok werd hij verschrikkelijk kwaad en dat is hij nog steeds. Hij wil absoluut geen contact met mij, ook niet in verband met de kinderen. Dat doet me veel verdriet. Henk is uiteindelijk getrouwd met de Poolse.

Toch vind ik niet dat mijn huwelijk mislukt is. Ik kijk terug op een mooie en interessante tijd. We hadden veel gemeenschappelijk. Henk had iets geniaals en heeft veel bereikt in zijn vakgebied. Ik was altijd zeer betrokken bij zijn werk en deed veel voor hem, altijd met plezier. Het samenwerken met hem was een verrijking van mijn bestaan. Bovendien wist hij veel van literatuur, muziek en beeldende kunst. Allemaal dingen die mij ook interesseren. Verder hadden we geweldige vakanties samen, we maakten lange wandeltochten door de bergen, dan waren we een goed team.

Door mijn ervaringen met hem op het gebied van de liefde, sta ik vrijer in het leven. Wat mij betreft was het huwelijk niet mislukt, maar klaar.

Na de scheiding had ik allerlei baantjes want ik kreeg geen alimentatie. Dat wilde ik zelf niet. Ik wilde iedere afhankelijkheid uitsluiten. Een verstandig besluit was het misschien niet, maar het voelde goed.

Herman ontmoette ik een paar jaar geleden in Portugal. Hij organiseerde er wandeltochten en was de reisleider van het gezelschap. Na een paar dagen voelde ik een vonkje overspringen, er was sprake van een zekere aantrekkingskracht. Kennelijk was dat wederzijds want na een paar dagen had hij het zo georganiseerd dat wij een kamer naast elkaar hadden. De rest van het gezelschap sliep in een ander gebouw. Ik ben met hem naar bed gegaan. Voor het eerst van mijn leven ging ik met iemand naar bed op wie ik niet verliefd was. Toch was het bijzonder. Met zijn vrouw had ik al kennisgemaakt bij het begin van de vakantie, want de wandeling begon en eindigde bij hun huis. Ik wist dus dat hij getrouwd was. Ze waren al veertig jaar bij elkaar en hij had een goed huwelijk, vertelde hij. Voor hem was en bleef zijn vrouw Joke nummer één. Ook Herman had naast zijn vrouw relaties gehad met anderen, onder andere een verhouding van twaalf jaar met een vrouw uit Stockholm.

Ik vond het mooi wat hij vertelde, hij praatte heel liefdevol over zijn vrouw. Het riep mijn nieuwsgierigheid op. Bovendien kreeg ik nu de kans om de andere kant van de medaille mee te maken. Niet meer als echtgenote, maar als minnares. Niet meer de sleur van het huwelijk, maar het nieuwe, het spannende.

Na die eerste keer, toen hij de groep wegbracht vroeg Herman of ik nog een keer terug wilde komen voor een wandeltocht. Het leek me wel wat. Toch zette ik hem uit mijn hoofd toen ik thuiskwam.

Maar Herman begon me te mailen en te bellen en ervaringen uit te wisselen. Vroeg wanneer ik weer een keer kwam wandelen.

Dat is gebeurd, na een half jaar. We hadden het geweldig samen. Daarna drong ik er bij hem op aan dat hij het zijn vrouw zou vertellen. Want tijdens de wandeltocht had ik, samen met de hele groep bij hun thuis gelogeerd en dat voelde heel ongemakkelijk.

Hij vertelde het Joke inderdaad, maar veel te laat. Ze was woedend dat ik in hun huis had gelogeerd en zij van niets wist. Een begrijpelijke reactie.

Nadat Herman een keer naar Nederland kwam en we een trip van een paar dagen maakten door Drenthe, ging ik weer op wandeltocht met hem in Portugal.

De eerste dag werden we zoals gebruikelijk door het echtpaar ontvangen in hun eigen huis. Joke had voor de hele groep gekookt en verschuilde zich vrijwel onmiddellijk in de keuken. Ik ben haar achternagegaan, realiseerde me dat het een heel vervelend moment was, maar dat het moest gebeuren. Ik vroeg haar of ze op de hoogte was van onze relatie. Dat was zo. Ze was er erg boos over geweest, zei ze. "Dat begrijp ik," zei ik "maar hoe sta je er nu tegenover?"

"Het is nou eenmaal zo," zei ze. "En het is altijd zo geweest, maar leuk vind ik het niet." Toen ik zei dat we er in dat geval een punt achter zouden zetten omdat ik haar geen naar gevoel wilde bezorgen, zei ze tot mijn stomme verbazing: "Doe het alsjeblieft niet. Nu weet ik tenminste met wie hij omgaat, maak er geen eind aan." Ik heb nog tegen haar gezegd dat ik beslist niet van plan was om Herman van haar los te peuteren. "Hij blijft gewoon bij jou."

Vanaf die tijd ging ik regelmatig naar Portugal. We hielden de relatie niet meer verborgen voor de groep. Wanneer we bij hen thuis logeerden, hoorde Herman bij zijn vrouw. Ik had er geen moeite mee, ik was gepokt en gemazeld door mijn verleden.

Toen we samen een wandelroute uit gingen proberen, heb ik zelfs een paar dagen alleen bij hen gelogeerd. Voor het evenwicht nodigde Joke toen haar zusje uit. Binnen een half uur zaten we met z'n vieren om de tafel en werd het ontspannen en gezellig.

Toch hield Joke daarna afstand van mij. Ze wilde er zo weinig mogelijk mee geconfronteerd worden. En nog steeds. Ik vermoed dat ze het moeilijker vindt dan ze toe wil geven. Toch was het haar eigen voorstel om mij uit te nodigen toen zij een dag of tien weg moest naar Nederland.

Die dagen met z'n tweeën waren geweldig. Paradijs. Ze hebben een prachtig groot huis met een schitterende tuin, openslaande deuren en in de verte het geluid van de zee. Idyllisch.
Het afscheid viel me zwaar. Na deze ervaring had ik de behoefte om Herman vaker te bellen. Die behoefte heb ik onderdrukt want Joke vindt het niet prettig en ik wil haar niet voor de voeten lopen.

Een echte toekomst hebben we niet, toch hebben we samen iets heel speciaals. Het is altijd weer even leuk. Herman heeft een groot gevoel voor humor, we lachen heel wat af samen. Lichamelijk hebben we het ook fantastisch. Het lijkt wel of ik de verliefdheid heb overgeslagen. Heel prettig, want daar word je vaak horendol van. Ik voel een diepe affiniteit, iets wat je misschien wel "houden van" zou kunnen noemen.
Toch kom ik langzaam tot de conclusie dat ik in deze relatie tekortkom.
Ik zie Herman twee à drie keer per jaar, dat is me te weinig. We schrijven elkaar en dat vind ik fijn. Maar het is een man om aan te raken en niet om gevoelens te sublimeren in mooie taal.
Ik ben niet iemand om alleen te blijven. Ik hou van gezelligheid. Daarom denk ik dat ik mijn bakens zal verzetten. Internet misschien. Wie weet wat de toekomst nog voor mij in petto heeft.'

Fases in een relatie

Liefdesrelaties hebben veelal hetzelfde verloop. Een relatie begint met de symbiotische fase: de fase van verliefdheid en hevig in elkaar opgaan. In deze fase is nauwelijks ruimte voor een derde persoon. Vervolgens komt de individuatiefase; de roze wolk verdwijnt en de partners zien en benadrukken elkaars verschillen. In het ideale geval volgt tot slot de fase die 'autonomie in verbondenheid' wordt genoemd. De inmiddels oudere partners hebben een hechte band met elkaar maar zijn tegelijkertijd beiden zelfstandig. Niet iedere relatie bereikt deze fase.

Uitzonderingen daargelaten is er voor langdurig vreemdgaan alleen in de tweede fase ruimte. Deze fase duurt meteen ook het langst. In deze fase worden ruzies gemaakt en 'bepalende' beslissingen genomen zoals huizen kopen, kinderen die geboren worden waardoor de echtgenote de moederrol inneemt et cetera. Het verschil met die eerste, symbiotische fase is dan groot. En met het toenemen van onvrede – het was eerst allemaal veel leuker –, ligt een buitenechtelijke relatie in het verschiet. Sonja besloot ook juist in deze fase te scheiden van haar man.

Voor buitenrelationele relaties zijn de fasen overigens vergelijkbaar. Toch spelen er andere aspecten. Zoals we bij de 'reguliere' geliefden een symbiotische fase kennen, zo heet deze fase van verliefdheid bij minnaars de paradijselijke fase. In eerste instantie denken de geliefden nog dat ze kunnen stoppen, maar al snel blijkt dat ze elkaar niet kunnen missen en vervallen ze in een patroon. Deze eerste fase duurt (veel) langer dan die bij reguliere relaties; de minnaars zien elkaar minder vaak, al voordat de minnaars genoeg van elkaar hebben moeten ze telkens weer uit elkaar omdat de getrouwde partner weg moet waardoor ze 'nooit' uitgepraat raken. Bovendien heeft het verbodene een zekere aantrekkingskracht.

Dan volgt ook de individuatiefase. Ook de overspeligen leren elkaar beter kennen. In deze fase zal de minnares voor het eerst onvrede uiten. Ze probeert ook de relatie te verbreken, maar dat mislukt vaak. De verboden liefde blijkt een zeer verslavend element te bevatten.[3]

Vrije relatie

Sonja heeft zoals zij zelf zegt een afwijkende opvatting over trouw binnen het huwelijk dan gemiddeld gangbaar is. Er zijn huwelijken waarin de partners toestemming geven aan elkaar om een andere relatie aan te knopen. Hoewel beide partners hierdoor een bepaalde vorm van vrijheid verwerven, ervaren ze hun huwelijk toch vaak als kwalitatief minder goed. Zowel man als vrouw erkent het risico. Relatief scheiden partners met een dergelijke open relatie eerder van elkaar dan andere stellen.

Verschil benadering man en vrouw

Wanneer een man een buitenechtelijke relatie heeft, kijkt hij daar zelf anders tegenaan dan wanneer een vrouw precies hetzelfde doet. Mannen vergoelijken hun 'misstap' eerder dan vrouwen. 'Alle mannen doen het,' is de gedachte en ze zien zichzelf als regel. Vrouwen daarentegen zien zichzelf als uitzondering. Zij vergelijken hun gedrag met vrouwen die juist niet vreemdgaan. Mede daardoor voelen zij zich schuldiger dan mannen over hun 'misstap'. Over het algemeen is ook de buitenwereld geneigd om welwillender te reageren op een man die vreemdgaat, dan op een vrouw. In de experimentele jaren zestig en zeventig van de vorige eeuw kwamen driehoeksrelaties veel meer voor in het kader van de seksuele revolutie die toen heerste. Maar in 1998 keurde 64% van de Nederlandse bevolking overspel alweer af.[4]

Hij kon niet tegen het geluk

Eline en Philipp

'Het plan was dat hij een paar dagen zou blijven.
Maar het is anders gelopen. Hij is niet meer weggegaan.
Hij was weliswaar nog getrouwd, had een kind, een dochtertje van negen jaar, maar dat leek geen enkele belemmering te zijn. Hij had een buitengewoon ingewikkelde en moeizame relatie met zijn vrouw. Hij had weinig waardering voor haar en was nauwelijks nog thuis, hij leefde als een zigeuner met zijn viool onder de arm. Hij logeerde vaak bij vrienden in Nederland en België. Zo nodig sliep hij in zijn auto. Hij leidde een zwerversbestaan. Ik had niet het gevoel dat ik met een getrouwde man in zee ging.

Ik herinner me zelfs de datum nog dat we elkaar ontmoetten: 23 april 1990, in het Youri Egorov-huis. Het huis waar Youri Egorov, een bekende Russische pianist, ooit woonde. Een prachtig voormalig bankgebouw aan de Keizersgracht. Egorov stierf op jonge leeftijd aan aids. Na zijn dood is de Stichting Youri Egorov opgericht en werd het huis opengesteld voor musici. Er werden concerten en masterclasses gegeven en bovendien was er een prachtige kamer met een Steinway waar musici konden logeren en studeren zonder iemand te storen. Ik had het beheer over dit appartement en woonde zelf ook in dit huis, samen met mijn zoon. Ik zag musici komen en gaan.

Ik was al een paar jaar zonder geliefde en had me bij de situatie neergelegd.

Op een dag werd er opgebeld door de organisator van het Oscar Back-concours: of er plaats was voor een Russische violist die in Brussel woonde. Ik had nooit van hem gehoord. Maar iemand die ik toevallig sprak en hem kende vertelde dat hij heel bijzonder was, ontroerend zelfs. Hij had ooit, op eenentwintigjarige leeftijd het Koningin Elisabeth-concours gewonnen. Het riep mijn nieuwsgierigheid op.

Hij bleek klein en keurig te zijn, een man in een pak, met een buikje. Geen man op wie ik zou vallen. Maar hij had opvallend mooie ogen, ogen die schitterden, donkerbruin met lange wimpers.

Hij is een week gebleven. We hebben heel wat afgepraat bij mij in de keuken. Langzaam veranderde hij van een man in een pak in een beweeglijke expressieve clown. Wanneer hij laat thuiskwam van het concours bleef ik op, om nog wat na te kletsen bij een kopje thee.

Na twee weken zou hij terugkomen. Hij belde me op vanuit Brussel en nodigde me uit om ergens te gaan eten. "Dat is goed," zei ik, "maar wat bedoel je, vanmiddag of vanavond?" Hij was gretig, hij wilde het allebei.

Achteraf vertelde hij dat hij zich de hele reis, al rijdend van Brussel naar Amsterdam, had geschoren met een elektrisch apparaatje.

We zijn uit eten gegaan, 's middags en 's avonds weer. We hebben samen geslapen en hij is gebleven.

Ik was langzamerhand ontzettend op hem gesteld aan het raken. Al heel gauw had ik het sterke gevoel dat ik mijn leven lang had gewacht op iemand als hij. In onze relatie had ik het volste vertrouwen. Af en toe leek het erop dat hij mijn gedachten kon lezen; het kwam regelmatig voor dat we op hetzelfde moment hetzelfde dachten.

126

Het feit dat hij getrouwd was, was geen enkel obstakel voor mij want ik wist dat hij doodongelukkig was in zijn huwelijk. Ik ontmoette regelmatig vrienden van Philipp. Zij vroegen zich af wat er met hem was gebeurd, hij zag er zo gelukkig en vrolijk uit. Ook ik voelde me geweldig. Onze relatie leek een goeie match te zijn.

Ook ik had een relatie achter de rug. Ik was nog jong toen, vierentwintig. Mijn vriend was tien jaar ouder en ik keek aanvankelijk tegen hem op. Binnen drie maanden was ik zwanger. Het kwam heel ongelukkig uit, want ik zat in het derde jaar van de filmacademie en mocht, omdat ik zwanger was, geen eindexamen doen. Het kind is gekomen. Gelukkig leerde ik daarna iemand kennen die een belangrijke functie had bij de VPRO. Daar kreeg ik alle kansen om mezelf als documentairemaker te ontwikkelen. De relatie met mijn vriend was helaas zeer moeizaam, het was een kwestie van volhouden. Na ruim zes jaar ben ik voorgoed vertrokken.

Over Nina, zijn vrouw, vertelde Philipp me het volgende. Nadat hij op eenentwintigjarige leeftijd het Koningin Elisabeth-concours had gewonnen, ging hij weer terug naar Rusland. Het was nog de tijd van het IJzeren Gordijn en de Koude Oorlog. Hij bleek het concours gewonnen te hebben ter meerdere eer en glorie van de Staat. Om hem een toontje lager te laten zingen werd hij de provincie ingestuurd, wat hij als een belediging ervoer en hem enorm demotiveerde. Bovendien werd hij geleefd. Hij moest aan allerlei verplichtingen voldoen, overal concerten geven, hij had geen vrije keus.
Daarom besloot hij om samen met zijn ouders asiel aan te vragen in Israël; dat was mogelijk omdat Philipp een Joodse vader had. De aanvraag moesten ze jaren stilhouden, zo lang duurde het voordat de papieren in orde waren.
Een paar dagen voordat ze eindelijk konden vertrekken, kwam

hij een meisje tegen. Een bijzonder mooi meisje: Nina. Hij ontmoette haar een keer en sliep met haar. Ze kenden elkaar nauwelijks maar zij is hem altijd bijgebleven, ook toen hij in Israël woonde.

Helaas, Israël voldeed niet aan de verwachtingen. Na een paar jaar verhuisde de familie naar Brussel; daar hadden ze contacten. Philipp was in die tijd zwaar depressief. Hij bleef maar denken aan Nina in Petersburg. Hij belde haar vaak, al zijn geld ging er aan op. Van haar maakte hij een soort redster: als zij kwam zou alles goed komen. Uiteindelijk schreef zijn moeder naar koningin Fabiola en door haar tussenkomst kreeg Nina de papieren om naar Brussel te kunnen komen.

Nina had op haar beurt een droombeeld: ook zij wilde gered worden, uit de Sovjet-Unie.

Het huwelijk werd een ramp. Ongetwijfeld hebben ze het allebei geprobeerd. Nina was mooi, afhankelijk en kwetsbaar maar wist niets van muziek. Hij had zijn depressieve buien.

Een jaar of vijftien na hun huwelijk ontmoette ik Philipp en kwam hij bij mij wonen. Af en toe moest hij naar Brussel om iets te regelen, maar hij kwam altijd terug of hij sliep bij vrienden. Na zes weken kondigde de eerste depressie zich aan. Philipp zweeg drie dagen lang. Wat bleek: hij moest naar een muziekfestival in Duitsland om er een concert te geven. Ik was ook van plan om er naartoe te gaan, omdat ik was uitgenodigd in verband met mijn werk. Dat was voor hem een groot obstakel: liefde, seks en dan een concert geven... het was te veel voor hem. Gelukkig kon ik er luchtig op reageren. Ik ben er naartoe gegaan, ging mijn eigen gang en het bleek allemaal heel goed te kunnen. Dat was een openbaring voor hem.

In een later stadium, wanneer hij zijn concerten voorbereidde, zat ik zelfs vaak bij hem in de kamer met mijn eigen bezigheden. Het stoorde me helemaal niet. Integendeel, ik vond het heerlijk.

Op een keer kwam hij de kamer binnen met een zwaar getroebleerd gezicht, diep ongelukkig: "Ik kan niet meer spelen," zei hij. Ik vroeg wat er aan de hand was. "Ik ben te gelukkig," hij zei het met een groot gevoel voor dramatiek, half lachend, maar het was ook serieus, hij wist zich niet goed raad.

Een verklaring voor zijn ingewikkelde gedrag is Philipps gecompliceerde achtergrond. Toen hij nog in de wieg lag, wist zijn moeder al dat hij violist zou worden. Ze wilde haar vader wreken. Hij was een beroemde Russische violist en zij was zijn onwettige kind. Hij heeft haar nooit willen erkennen.

Philipps vader was een Joodse man uit Riga die toevallig weg was toen zijn hele familie tijdens de oorlog uit huis werd gehaald, tegen een muur gezet en doodgeschoten door de Duitsers. Vader, moeder, broers, een zuster die zwanger was, neven, nichten, allemaal weg.

Philipp was enig kind en bleek zeer begaafd te zijn. Hij was niet alleen zeer muzikaal, hij kon ook nog prachtig tekenen, boetseren en had een talent voor talen.

Bepaalde eigenschappen waren bij hem niet ontwikkeld, vermoedelijk door de druk van zijn achtergrond. Bovendien was hij gedrild door het Russische conservatorium. Hij was zeer begaafd, maar evenzeer destructief.

Zijn vader was inmiddels overleden. Zijn moeder woonde alleen in een klein dorpje, een uur rijden van Brussel. Met haar maakte ik korte tijd na onze ontmoeting kennis. Het klikte meteen.

Philipps dochtertje logeerde vaak bij haar grootmoeder. Ieder weekend, en elke vakantie. Philipp zag zijn dochter over het algemeen wanneer ze bij zijn moeder was. Ik ontmoette het meisje ook toen ze bij haar grootmoeder logeerde, we konden het samen heel goed vinden.

Na een paar maanden besloten Philipp en ik samen een huis te zoeken. Maar dat viel niet mee. Philipp wilde ieder huis dat we zagen, kopen en er onmiddellijk intrekken. Ik wilde net zo lang wachten tot we het juiste huis hadden gevonden.

Toen we in september samen op vakantie waren zei hij: "Als er wat van komt, van onze liefde, dan zou ik het verwelkomen." Hij bedoelde een kind.

Ik wilde wachten, niet te hard van stapel lopen. Het was me al eerder gebeurd dat ik na een kortstondige liefde zwanger was geworden. Ik wilde heel graag een kind van hem, maar nog niet. Ik was bang dat hij het uiteindelijk als een manipulatie zou kunnen gaan zien, een continuering van conservatorium, mama, vrouw en dan nu een kind.

Na de zomer besloten we op de dag van onze ontmoeting, op 23 april, te gaan trouwen. Dit betekende dat Philipp moest scheiden. Zijn moeder, een voortvarende vrouw, maakte nota bene een afspraak met een bevriende advocaat. Ik dacht: dat gaat nooit goed. En inderdaad, hij is vertrokken en halverwege teruggekeerd.

Daarna begonnen er telefoontjes uit Brussel te komen: Nina, zijn echtgenote. Het kon niet uitblijven. Via de geruchtenmachine had ze gehoord dat we een serieuze relatie hadden. Immers, we gingen samen naar internationale muziekfestivals en het was overduidelijk dat we heel gelukkig waren.

Die telefoontjes waren zwaar voor hem. Ik zat erbij, hoorde niet alles wat Nina zei, maar zag dat Philipp wit wegtrok en zweeg. Ik begreep dat Nina een enorm beroep deed op zijn verantwoordelijkheid ten opzichte van zijn kind, en op zijn schuldgevoel.

Omdat ik nooit het gevoel had dat Nina erg belangrijk voor hem was, voelde ik me door deze telefoontjes niet bedreigd. Ik was ervan overtuigd dat we bij elkaar hoorden. Wel drong ik er sterk op aan dat Philipp naar Brussel zou gaan om het een en ander met Nina te bespreken en te regelen. Het leek me belangrijk, vooral in verband met het kind dat hij naar zijn gevoel te weinig zag.

Hij is weer vertrokken, maar halverwege belde hij op dat het hem niet zou lukken. Ik sprak hem moed in. In Brussel belde hij me op dat een afspraak niet mogelijk was omdat er ouderavond was. Daarna belde hij op dat hij ten einde raad was. Of ik alsjeblieft wilde komen.

Dat heb ik gedaan. Ik ben onmiddellijk in mijn auto gestapt en ben naar Brussel gereden. Ik logeerde bij vrienden. Maar Philipp kwam niet opdagen. Ik heb twee dagen gewacht, en was in alle staten. Op het conservatorium waar hij lesgaf liet ik een briefje achter waarop stond dat ik op hem gewacht had, maar nu naar huis ging. Twee uur later kwam hij in totale paniek achter mij aan.

Philipp leverde ongelooflijke gevechten tegen zichzelf. Dat was ook moeilijk voor mij, maar ik wist dat deze gevechten nooit tegen mij waren gericht. Hij was altijd bezig zichzelf onderuit te halen. Wanneer hij zo'n depressieve bui had, kon ook ik hem niet meer bereiken.

Hij had twee gezichten: enerzijds wist hij heel goed wat hij waard was, aan de andere kant dacht dat hij niets waard was. Op zijn goede momenten was hij leuk, geestig, intelligent, oorspronkelijk en eenvoudig. Op zijn slechte momenten was er niets met hem te beginnen.

Ook niet wat zijn werk betreft. Hij had ooit een belangrijk concert in Wenen op uitnodiging van Von Karajan. Hij ging er met de trein naartoe maar keerde halverwege terug. Hij vond dat hij nog niet het juiste niveau had. Dat gebeurde vaker. Op bijzondere uitnodigingen en afspraken in verband met concerten kwam hij af en toe niet opdagen. Zonder af te bellen.

Philipp was een violist van wereldklasse, zo zagen andere musici hem ook. Maar het succes kon hij niet aan. Hij zei vaak tegen me: "Ik ben geen cadeau." Ik dacht daar natuurlijk heel anders over.

Hij had gedachten die vastgespijkerd waren, waar hij niet aan ontkwam en die hem pijnigden. Op andere momenten kon hij leven als geen ander.

Zijn goede kant sprak veel mensen aan. Zijn andere kant, zijn zwaarmoedige kant, accepteerde men omdat iedereen wel aanvoelde dat hij een uitzonderlijk begaafd mens was.

Hij had ook buien dat hij het uit wilde maken met mij, zomaar, zonder reden. Dan had hij alle moed verloren.

Achteraf denk ik dat hij beter wist dan ik dat hij niet bestand zou zijn tegen de druk uit Brussel.

Ikzelf had het gevoel dat onze relatie zo sterk was dat we het zouden redden. Ik kon ongelooflijk veel van hem hebben. Zijn problematische kant kon ik goed hanteren. Soms bleef hij gewoon een nacht weg, zonder iets van zich te laten horen. Wanneer hij dan met een schuldbewust gezicht thuiskwam, was ik niet boos maar moest ik lachen. Tot mijn eigen stomme verbazing.

Soms was zijn gedrag tegen het hysterische aan, soms waren het provocaties om te kijken of ik echt met zo'n vreselijk iemand door wilde gaan. Als ik erom lachte, ontwapende hem dat. Na zulke confrontaties konden we wekenlang in harmonie samen zijn.

Hij kon heel goed met mijn zoon opschieten die in die tijd elf was. Ik fantaseerde vaak over ons, zag het voor me, wij samen met zijn dochter en mijn zoon, twee prachtige kinderen, om de tafel.

Ik droomde er 's nachts ook over. We reden samen in een vrachtauto de berg af, een auto zonder remmen. De weg was vol met bochten, maar we redden het, we bleven op de weg. We hebben samen gelachen om deze droom.

Na ongeveer een jaar moesten we allebei een reis maken. Ik moest naar Gomera, Philipp moest naar Marseille. We zouden elkaar twee weken niet zien. Daarna zouden we nieuwe plannen maken. Ik had alle vertrouwen in onze toekomst.

Voor vertrek hadden we een huis gezien. Philipp was ongeduldig, wilde het meteen kopen. Ik wilde nog even wachten omdat het huis eigenlijk te klein was. "Het komt wel," zei ik. "We moeten nog een beetje geduld hebben." We zijn allebei vertrokken, ik was me van niets bewust.

Hij is niet meer bij me teruggekomen. Liet niets van zich horen. Ik was verbijsterd net als veel anderen. Ik denk dat hij toen de moed verloren had, dat hij de depressie aan voelde komen en wist dat hij de chantages uit Brussel niet meer het hoofd kon bieden.

Pas na een maand kwam hij me vertellen dat liefde en seks niet meer belangrijk waren in zijn leven. Dat hij een belangrijke opdracht had en dat was vader zijn voor zijn kind en de schulden die Nina het afgelopen jaar had gemaakt, afbetalen. Een grote schuld van meer dan een ton.

Ik heb hem lang met rust gelaten, dacht dat hij vanzelf wel terug zou komen. Toen dat niet gebeurde, probeerden vrienden hem over te halen terug te gaan. Maar hij was ervan overtuigd dat hij zich bij mij dusdanig had "gediskwalificeerd" dat het voor mij onmogelijk zou zijn nog van hem te houden. Hij zei dat hij niet tegen het geluk kon, dat hij het niet waard was. Dat hij eerst het leven van Nina verpest had en nu het mijne.

Ik stortte in en hield mezelf op de been met medicijnen. Ik had het gevoel dat ik doormidden was gezaagd. Ik kon niet meer eten. Ik viel enorm af, was verschrikkelijk onrustig en kon niet meer slapen. Het liefst wilde ik weg. Maar dat was onmogelijk, ik had immers een zoon. Ik kon geen mensen meer verdragen en had het gevoel, ieder moment van de dag, dat zich een ramp in mijn leven had voltrokken.

Ik schreef hem ontelbare brieven die ik nooit verstuurde.

Mijn werk als documentairemaakster deed ik nog wel, maar het kostte me ongelooflijk veel pijn en moeite.

We zagen elkaar nog af en toe. Meestal kwam hij bij mij eten, maar dan raakten we elkaar niet aan. We spraken over alles, maar niet over wat er tussen ons gebeurd was. Hij wilde het er absoluut niet over hebben. Ik probeerde het wel, zei hem dat het zelfmoord was wat hij deed, dat hij ziek zou worden. Dat hij met een leugen leefde. Hij beaamde het allemaal. Soms belde hij en zei: "Het komt goed." Maar meestal zei hij: "*Arrête, arrête, ça me monte à la tête...*: hou op, hou op, het stijgt me naar mijn hoofd.

Doodongelukkig was ik. De medicijnen waren mijn redding. Lange tijd heb ik gedacht en gehoopt dat hij nog terug zou komen.

Ik deed mijn werk en heb al mijn verdere contacten laten zitten. Ik ging niet meer naar vrienden, naar feestjes, ik kon het niet opbrengen. Mijn zoon ging ieder weekend naar mijn ouders, ook als hij dat niet wilde; ik kon hem nauwelijks om me heen verdragen. Achteraf denk ik: wat heb ik dat kind aangedaan. Maar ik had last van een ongelooflijk diep verdriet. Het heeft jaren geduurd.

Het overkwam me wel dat ik op de snelweg reed en dat ik de auto aan de kant moest zetten omdat ik overvallen werd door paniek en verdriet. Ik miste hem zo verschrikkelijk dat het me de adem benam en ik het gevoel had het niet te overleven.

Met zijn moeder hield ik contact. Van haar en van vrienden hoorde ik dat ik niet de enige was die leed. Dat het huwelijk nog steeds slecht was en dat Philipp doodongelukkig was. Het was een kleine troost. De relatie tussen de moeder van Philipp en Nina was altijd al slecht geweest. Maar toen Nina hoorde dat ik nog steeds bij haar kwam en dat we veel telefonisch contact hadden, mocht hun dochter niet meer bij haar grootmoeder komen. Dat was de wraak van Nina.

Na ongeveer vierenhalf jaar hoorde ik van zijn moeder dat het heel slecht ging met Philipp. Ik moest twee weken weg om in Frankrijk te filmen en heb hem gebeld en gevraagd hier te komen om op de poezen te passen. Dat ik er niet was en dat de sleutel bij de slager om de hoek lag.

Tot mijn verbazing accepteerde hij het aanbod. Toen ik terugkwam zat hij in de keuken. Ik probeerde een gesprek aan te knopen. Hij vertelde dat de schulden waren afbetaald, maar dat er iets was, iets met zijn hoofd.

Een paar dagen erna belde hij me met de vraag of ik een huurhuis voor hem wilde zoeken in Amsterdam. Dat heb ik gedaan en het is gelukt. Na een maand had ik een prachtig huis voor hem gevonden. Een huis aan de gracht met dikke muren, zodat hij ongestoord kon studeren. Ik was erg blij en belde hem op. Hij zei dat hij niet kon komen om het huis te bekijken omdat er iets met zijn been was. Hij vroeg me om het huurcontract voor hem te tekenen. Dat heb ik gedaan.

Diezelfde avond hoorde ik dat Philipp was opgenomen in het ziekenhuis, dat hij een hersentumor had en dat hij nog diezelfde avond geopereerd zou worden.

Ik hoorde het van een oude vriend van Philipp, een cellist. Hij haalde me op en samen reden we naar het ziekenhuis in Brussel. Voor de cellist was dit een moeilijke situatie want hij kende Nina ook goed.

Tegen Philipp zei ik, terwijl hij nog half in coma lag: "Alles komt goed, je wordt beter. Ik heb een prachtig huis voor je in Amsterdam." Hij was zo blij dat hij het zelfs aan Nina vertelde.

Ik bezocht hem regelmatig in het ziekenhuis. Het was schipperen om Nina niet tegen te komen, maar met behulp van Philipps moeder lukte het. Ik voerde hem druifjes, hij at ze met grote gretigheid. Er zat een enorme levensdrang achter. Ik had het sterke gevoel dat alles toch nog goed zou komen.

Philipp is er verbazend snel bovenop gekomen. Na vijf maanden gaf hij al weer les, maar spelen zou hij nooit meer kunnen. Achteraf begrijp ik wel waarom hij niet naar Amsterdam kwam. Hij was afhankelijk en Nina verzorgde hem goed. Hij noemde haar cynisch "mijn verpleegster", en zei dat ze eindelijk haar plek had gevonden en gelukkig was. Hij was totaal afhankelijk van haar. Ze heeft het ongetwijfeld niet makkelijk met hem gehad.

Na een jaar werd hij weer opgenomen, de tumor was terug. Al die tijd hield ik contact met zijn moeder. Uiteindelijk begrepen we dat het de verkeerde kant met hem op ging, dat hij dood zou gaan.
's Ochtends voelde ik me nog goed, maar in de middag, tegen tweeën, kreeg ik het ineens ijskoud. Ik werd kouder en kouder en ben in bed gaan liggen met hete kruiken. Ik kon niet meer warm worden. Kort daarop belde zijn moeder dat Philipp die middag om half drie was gestorven.

Geheel tegen de Russische gewoonte in, om gestorvenen op te baren in een open kist, had Nina besloten dat niemand hem mocht zien. Hij lag in een afgesloten kapel. Dankzij zijn moeder heb ik samen met familieleden uit Israël toch nog afscheid van hem kunnen nemen. Toen ik hem zag schrok ik. Hij had een pak aan en een wit overhemd met een strikje onder zijn kin. Ik raakte hem aan maar hij was koud, ijskoud. Ik heb hem een kus gegeven op het enige plekje in zijn gezicht dat niet koud was. Zijn wimpers.
Ik ben ook naar de begrafenis gegaan. Er waren veel mensen. Heel veel mensen uit de muziekwereld die ik kende. Het was een absurde situatie, twee weduwen en maar eentje had recht van spreken. Ik heb alleen maar naar de hemel gekeken terwijl het water uit mijn ogen stroomde. Daarna ben ik meteen naar huis gegaan, ik kon het niet opbrengen om met wie dan ook te praten.

Ons afscheid was nu definitief. Ik was radeloos. Op momenten die ik niet kon voorspellen werd ik overvallen door een intens verdriet. Ik herinner me dat ik in de trein zat en langs huizen met tuinen reed waar lampjes brandden, met gezinnen die gezellig bij elkaar zaten, en dat ik ineens dacht: hij zou moeten leven, we zouden bij elkaar moeten zitten in de tuin, met ons gezin, ik zou zijn stem moeten horen. De pijn was onverdraaglijk. Op een gegeven moment heb ik dan ook fysieke middelen aangewend om deze gevoelens te boven te komen. Heel diep ademhalen, of heel hard rennen om mezelf op een ander spoor te helpen.

Een paar dagen na de dood van Philipp kreeg ik, totaal onverwachts, een bericht van een makelaar in Drenthe. Een paar jaar geleden had ik me bij hem ingeschreven, ik was het alweer vergeten. Het ging om een veraf gelegen eenvoudig huisje aan een zandpad. Ik heb het gekocht, heb er zesenhalf jaar gewoond en er een enorme tuin aangelegd. Het is mijn redding geworden.

Nu, na al die jaren, heb ik er in het dagelijks leven geen last meer van. Ik droom nog weleens over Philipp, dan zie ik hem, maar hij is altijd onbereikbaar. Een paar jaar geleden had ik de radio aanstaan en hoorde ik een vioolsonate van een Belgische componist. Ik herkende zijn toon onmiddellijk... Philipp.
Hij was mijn eerste echte, grote liefde. Ik accepteerde hem volledig, inclusief al zijn ingewikkeldheden. Achteraf heb ik spijt. Ik had hem achterna moeten reizen. Ik had het allemaal anders aan moeten pakken. Philipp had houvast nodig, een huis en een kind. Ik heb er te veel op vertrouwd dat het allemaal goed zou komen.
Het feit dat hij nog getrouwd was, heb ik onderschat omdat het in eerste instantie totaal niet speelde. Ik was meer bezig met de vraag hoe ik het zou redden met deze fascinerende maar ingewikkelde man.

Drie jaar geleden heb ik eindelijk iemand ontmoet van wie ik heel veel ben gaan houden. Hij heeft ook, net als ik iemand verloren die hem zeer dierbaar was. Én hij is ook een talentvol musicus en componist. Het gaat heel goed tussen ons.

Met Philipps moeder heb ik al die jaren contact gehouden. We belden elkaar iedere zondagavond. Soms ging ik naar haar toe en bleef een paar dagen logeren. Ze noemde mij *ma fausse belle-fille*, mijn onechte schoondochter.

Ze was zevenenzestig toen ik haar ontmoette. Nu is ze onlangs gestorven, vierentachtig jaar oud. Op haar begrafenis zag ik Nina en Philipps dochter, nu een volwassen vrouw. Net als vroeger lijkt ze sprekend op haar vader.

Zo zag ik hem dus weer even terug. Ik was er bang voor geweest, maar het was niet moeilijk, juist fantastisch. We hebben gemaild en we zullen elkaar binnenkort spreken. Ze schreef dat ze zich heel vaag iets herinnert en zich verheugt op onze ontmoeting.'

Labiel

Het verhaal van Philipp en Eline vertelt dat Philipps relatie met zijn echtgenote nauwelijks een relatie was te noemen. Philipps situatie is uitzonderlijk. Dat hij geen knoop kan doorhakken, is in dit geval niet te wijten aan de slechte relatie met zijn vrouw, maar aan zijn depressieve aard.

Doordat Philipp af en toe depressieve buien heeft, kun je hem als labiel bestempelen. Wanneer iemand emotioneel stabiel is, is hij kordaat. Dan neemt iemand eerder beslissingen, ook om een punt achter een relatie te zetten of er juist mee door te gaan. In een labiele toestand laat iemand zich eerder schuldgevoel of stress aanpraten. Philipp wordt door zijn vrouw op zijn verantwoordelijkheid aangesproken. Door zijn ontvankelijke houding ten opzichte van opgelegde druk kiest hij niet zijn eigen weg.

Seriële monogamie is natuurlijk

Helen Fisher schreef *Over de liefde, de evolutie van monogamie, overspel en scheiding*. Deze Amerikaanse antropologe deed een opzienbarende ontdekking naar aanleiding van een internationaal onderzoek naar echtscheidingen. Hoe langer een stel samen is, des te onwaarschijnlijker het wordt dat de partners elkaar zullen verlaten. De meeste echtparen die scheiden, doen dat na ongeveer vier jaar, waar ook ter wereld, ongeacht verschillen in tradities, cultuur en opvattingen over echtscheiding. Bovendien is de kans op echtscheiding het grootst bij stellen die in de twintig zijn en stellen die één of twee kinderen hebben.

Na die eerste vier jaar daalt het scheidingspercentage aanzienlijk.

De gemiddelde verliefdheid duurt niet meer dan zo'n twee jaar. Is het huwelijk dan 'op' als de verliefdheid op is? Nee, er is meer aan de hand. Fisher ontdekte dat die vier jaar overeenkomen met de tijd die bij veel traditionele volkeren tussen twee bevallingen zit. Tot een kind vier jaar oud is, heeft het de zorg van beide ouders nodig om te overleven. Hierna kan een moeder wel alleen voor een kind zorgen. Op dat moment is het voor de ouders evolutionair gezien niet meer nodig om bij elkaar te blijven. Onze verre voorouders leefden ook op deze manier. Dat verklaart het natuurlijke gedrag tot seriële monogamie.[5]

'Tot ziens' was de genadeklap

Joan en Jaap

'Ik was op mijn werk en zag hem voor de tweede keer binnenkomen. Ik had het sterke gevoel dat ik hem ergens van kende, maar wist niet waarvan. Ik gaf hem een kopje koffie en we maakten een praatje. Hij was bezig zijn bedrijf te verkopen aan de onderneming waar ik werkte en had een afspraak met mijn baas. Hij vertelde dat hij muziek maakte, jazz, en weleens in een plaatselijk café optrad. Ik ben een groot muziekliefhebber dus ik vroeg hem iets van zich te laten horen wanneer hij een optreden had. Daarna zag ik hem nog een paar keer op het werk.

Voor mijn studie moest ik een scriptie schrijven, met als onderdeel vijf interviews met een directeur van een overnamebedrijf. Ik vroeg hem of hij eraan mee wilde werken. Hij vond het leuk. Voor het gemak maakten we een afspraak in een restaurant langs de snelweg. Ik ging ervan uit dat ik het makkelijk zou kunnen vinden, maar ik miste een afslag en heb een uur lang wanhopig rondgedwaald. Ik kon hem niet bellen want er waren nog geen mobiele telefoons en kwam een uur te laat. Tot mijn stomme verbazing zat hij er nog, hij had al die tijd gewacht. Ik schaamde me dood. Het interview nam ik vervolgens af met behulp van een bandopnameapparaatje. Na afloop van het gesprek bleek dat de volumeknop niet opengedraaid was. Hij leek het allemaal heel vermakelijk te vinden maar ik voelde me vreselijk opgelaten. Gelukkig nam hij nogmaals de tijd om het interview in grote lijnen door te nemen. Opgelucht gaf ik hem bij het afscheid spontaan drie zoenen op zijn wang.

Een paar maanden later stond er een bericht van hem op mijn antwoordapparaat. Ik verwachtte een uitnodiging voor een muziekoptreden. Maar toen ik hem aan de telefoon kreeg vroeg hij tot mijn verbazing of ik zin had een kopje koffie met hem te drinken. Ik ben op zijn uitnodiging ingegaan en we maakten een wandeling. Het bleek een leuk contact te zijn, dus de afspraak herhaalde zich, zo één keer in de maand. Onze gesprekken werden steeds persoonlijker. Hij had me al verteld dat hij getrouwd was en twee bijna volwassen kinderen had. Ik vond het een bijzonder aardige man. In zijn leven was het een en ander aan het veranderen; hij had net zijn bedrijf overgedaan en hij was nieuwe wegen aan het zoeken om zijn leven invulling te geven.
Ikzelf had al twee serieuze verhoudingen achter de rug, was inmiddels veertig. Hij vertelde dat hij gelukkig getrouwd was, dus wat mij betreft was er van een liefdesrelatie geen enkele sprake.

Maar Jaap dacht er kennelijk anders over. Na een vakantie die hij alleen had doorgebracht in Engeland belde hij me op met de vraag of hij bij me langs kon komen. Ik vond het leuk, dit onverwachte bezoek. Maar toen hij wegging om geld in de parkeermeter te gooien zodat hij nog wat langer kon blijven, liet hij bij terugkeer weten dat hij jammer genoeg niet kon blijven slapen omdat hij een bekende uit het dorp waar hij woonde was tegengekomen en hij geen enkel risico durfde te nemen. Daarna kwam de aap uit de mouw: hij was verliefd geworden. Hij was een dag eerder teruggekomen dan hij aanvankelijk had gepland. Zijn vrouw verwachtte hem pas de volgende dag en hij had eigenlijk gedacht om bij mij de nacht door te kunnen brengen. De dorpsgenoot had roet in het eten gegooid.

In de eerste instantie was ik nogal verontwaardigd, vond het nogal arrogant om er zomaar van uit te gaan dat ik ook zou willen dat hij bleef slapen. Maar na enige tijd voelde ik me ook gevleid en gezien, en vond ik het jammer dat een relatie met deze leuke man er niet in zat. De bekentenis dat hij verliefd op me was, had beslist iets bij me wakker gemaakt.

Daarna zagen we elkaar regelmatig en de gesprekken werden steeds persoonlijker en openhartiger. Er ontstond een seksuele spanning, maar vrijen wilde ik niet. Ik durfde niet, was bang voor de gevolgen. Toch was er na vijf maanden geen houden meer aan en gebeurde het onvermijdelijke. We gingen met elkaar naar bed.

Die eerste keer. Nog nooit heb ik iemand meegemaakt die zo nerveus was als hij.

Een paar dagen later zou ik op vakantie gaan, zeven weken lang. In de tussentijd hoorde ik niets van hem.

Tijdens een avontuurlijke reis door Zuid-Amerika moest ik toegeven dat ik ook verliefd was geworden. Jaap had me een bandje meegegeven met muziek van zichzelf, ik heb er de hele vakantie vrijwel iedere dag naar geluisterd. In de bus, 's avonds in bed. Met mijn walkman en zijn muziek kon ik de problemen van de hele wereld aan. Maar naarmate het eind van mijn vakantie in zicht kwam, realiseerde ik me dat onze relatie geen enkel bestaansrecht had. Ik stelde me voor dat hij er ook zo over dacht en dat het bij deze fijne herinnering zou blijven.

Toen ik thuiskwam, was ik gespannen. Pas na anderhalve week belde hij op. Hij wilde me graag zien. Ik had me intussen op alles voorbereid. Maar toen we elkaar weer zagen bleek dat onze gevoelens in die acht weken alleen maar sterker waren geworden. Voor hem was dit nog geen aanleiding om zijn vrouw iets te vertellen.

We zijn dus een verboden relatie begonnen.

Stapelverliefd waren we. We zagen elkaar zo veel mogelijk, soms wel vier keer per week. We brachten veel tijd bij mij thuis door en onze seksuele relatie was zeer goed. We genoten van elkaars aandacht en aanwezigheid en bij het afscheid verheugden we ons al op de volgende keer. We dachten niet aan de dag van morgen. We maakten wandelingen door het bos en langs het strand. Bovendien had ik in die tijd geen werk en kon ik veel tijd voor hem vrijmaken. Regelmatig ging ik met hem mee op zakelijke uitstapjes. Toch hield ik er rekening mee dat dit nooit lang kon duren.

In het begin zei hij vaak wanneer hij weer richting huis ging: "Tot ziens." Vreselijk vond ik dat. Ik heb hem duidelijk kunnen maken dat ik het erg vrijblijvend en daarom kwetsend vond klinken. Toen hij er goed over nadacht, was hij het met me eens en zei voortaan: "Tot gauw" of "Tot spoedig." Dat klonk veel beter.

Na een aantal gelukkige en onbezorgde maanden begon de situatie me toch op te breken. Ik wilde dat dubbele leven, die gestolen uurtjes niet meer, ik wilde niet meer in de schaduw blijven, ik wilde met hem voor de dag kunnen komen. Ik vroeg hem dringend het thuis te vertellen. Ik voelde me schuldig ten opzichte van zijn vrouw, vond het niet in de haak wat er gebeurde. Niet van hem en ook niet van mijzelf. Maar hij weigerde, hij wist precies hoe zijn vrouw zou reageren. Ze zou instorten en dat wilde hij haar niet aandoen.

Ik zei hem dat dit stiekeme gedoe voor zijn vrouw toch ook niet prettig was. Zijn weerwoord was dat hij, sinds de relatie met mij een stuk vrolijker was geworden en dat het ook een positieve invloed had op de sfeer thuis. Kortom, dat zijn vrouw geen enkel nadeel ondervond, integendeel. Ik legde me er met gemengde gevoelens bij neer.

Toen Jaap het jaar erop weer alleen op vakantie naar Engeland ging, ging ik met hem mee. We hadden het heerlijk samen. We genoten van het Engelse platteland, logeerden in kleine dorpjes in leuke hotelletjes en in idyllische bed and breakfasts. Het was een belevenis om door niets of niemand gestoord of herkend te worden. Een enorm gevoel van vrijheid met zeeën van tijd voor elkaar.

Toch begon ik bij terugkeer mijn verstand te gebruiken: "We hebben het ontzettend leuk gehad en er zijn geen slachtoffers gevallen, laten we dat alsjeblieft zo houden. Laten we er een punt achter zetten."

Jaap verzette zich, kon en wilde me niet missen. Van mijn plan kwam dus niets terecht. Deze warme, leuke, interessante man die alle aandacht voor mij had en van wie ik met volle teugen genoot, kon ik zelf ook niet meer missen.

Inmiddels had hij de sleutels van mijn huis gekregen en verraste hij me regelmatig. Wanneer ik thuiskwam van een weekend weg, lag er vaak een bloemetje of een lief briefje. Ik heb ze allemaal bewaard, zijn lieve briefjes. In de loop van de tijd is het een schoenendoos vol geworden.

Meer dan een jaar lang heb ik voor hem verzwegen dat ik gesprekken had bij een therapeut. Ik schaamde me er diep voor en had het vreemde idee dat, als hij er achter zou komen, hij het niet zou begrijpen en dat het dan afgelopen zou zijn tussen ons. Toch kwam er een ogenblik dat ik er niet meer onderuit kwam. Dat gebeurde toen hij onverwachts langskwam op het moment dat ik weg moest omdat ik een afspraak had met de therapeut. Hij bracht me er met de auto naartoe. Omdat we ruim de tijd hadden waagde ik de sprong en vertelde hem wat er met me aan de hand was tijdens een lange wandeling door de duinen. Ik durfde hem niet aan te kijken, maar de tranen stroomden over mijn wangen. Vertelde hem over al mijn onbegrijpelijke angst- en paniekaanvallen die mij op onverwachte momenten overvielen. Hij luisterde met aandacht en zei: "Is dit nou alles?"

Het was voor mij de omslag. Een gevoel van geluk dat hij me accepteerde zoals ik was, inclusief de paniekaanvallen waar ik me zo voor schaamde. Het gaf een groot gevoel van verbondenheid. Als je zo'n geheim prijsgeeft, wil je iemand niet meer kwijt.

Maar toch, als we samen waren, had ik het heerlijk, maar als hij naar huis ging kwamen de bezwaren en frustraties naar boven. Eigenlijk wilde ik graag met zijn vrouw kennismaken. Het stiekeme en het genoegen moeten nemen met kruimels, braken me op. Ik wilde graag dat ze zou zien dat ik ook maar een mens was met gevoelens en behoeftes en dat het beslist mijn bedoeling niet was om haar man van haar af te pikken. Ik overwoog om bij haar aan te bellen en mezelf kenbaar te maken zodat we een oplossing konden zoeken voor deze gecompliceerde situatie. Ik bedacht van alles, maar heb het nooit gedaan.

Na verloop van een paar jaar zwichtte Jaap voor mijn smeekbedes. Hij vertelde thuis wat er aan de hand was. Zijn vrouw reageerde zoals hij had verwacht, ze was furieus. "Zij eruit of jij eruit." Hij besloot om bij zijn vrouw te blijven. Hij kende haar al vanaf de middelbare school en was enorm loyaal ten opzichte van haar. Bovendien hadden ze het in zijn ogen jarenlang goed gehad met elkaar. Ik had er weer alle begrip voor. Helaas, daarna ontstonden er enorme problemen tussen Jaap en zijn vrouw. Zij werd achterdochtig en controlerend.

Naast deze beslissing nam Jaap nog een beslissing. Hij wilde mij beslist niet kwijt. Dit betekende dat onze relatie nog geheimer werd. Hij zorgde ervoor dat er geen leugens verteld werden. Maar vaak knoopte hij aan zijn zakelijke afspraken een bezoekje aan mij vast.

Pas na ruim een jaar vertelde ik mijn ouders over mijn relatie met Jaap. Ze waren niet gelukkig met mijn nieuwe liefde en hoopten dat ik zo wijs was er op korte termijn mee te stoppen.

Omdat de relatie aanhield, wilde ik hen laten zien dat Jaap niet de eerste de beste losbol was met wie ik me inliet. Ze vonden het moeilijk. Toen ik voorstelde om samen met hem langs te komen, zei mijn vader dat hij daar geen behoefte aan had. Ik was hevig teleurgesteld, zei: "Ik ben jullie dochter, maar denk vooral niet dat het voor mij makkelijk is. Ik respecteer jullie keuze maar als het betekent dat jullie hem niet willen zien, zal ik in het vervolg waarschijnlijk minder tijd hebben om langs te komen." Mijn vader reageerde na verloop van tijd eigenlijk heel lief: "Mijn kind," zei hij, "ik gun je zo graag iemand die er echt voor jou is."

Ze zijn gezwicht en ik heb Jaap verschillende keren meegenomen. Uiteindelijk begrepen ze heel goed waarom ik hem zo leuk vond en hem zo moeilijk los kon laten.

Ik liet hem steeds meer kennismaken met mijn wereld, met familieleden en vrienden. Niet alle reacties waren leuk. Ik kreeg veel weerstand, sommigen waren boos dat hij van twee walletjes at, dat ik me zo liet behandelen, dat hij loog en dat ik er genoegen mee nam. Ik verdedigde hem altijd vurig. De meeste vrienden kregen in de loop van de tijd wel begrip voor de situatie.

Hij zei weliswaar: "We leven in deze tijd, die dingen gebeuren." Maar zijn ruimdenkendheid kon hij niet vertalen naar zijn thuissituatie. Inderdaad, we hadden ook veel gemeenschappelijks, we hielden van wandelen en fietsen, van literatuur en muziek, we hadden interessante gesprekken over alles wat ons bezighield en bovendien hadden we een geweldige seksuele relatie.

Hij vroeg zich af hoe dit nou verkeerd kon zijn. Maar hij sprak er met niemand over.

Uiteindelijk vertelde hij het zijn kinderen, ze waren toen in de twintig. Zijn zoon wilde er niets mee te maken hebben. Zijn dochter was geïnteresseerd en had begrip voor haar vader.

Twee keer ben ik bij hem thuis geweest, terwijl zijn vrouw met vriendinnen op vakantie was. Hij wilde mij heel graag laten zien waar en hoe hij woonde. Een prachtige zelfverbouwde burgemeesterswoning in een klein dorp. Ik vond het allemaal heel mooi maar kon het niet aan, heb alleen maar gehuild.

Wel vond ik het achteraf erg leuk om te zien hoe handig en inventief hij was geweest bij de verbouwing. Hij was een man die veel kon en bovendien een tomeloze energie had. Hij was maatschappelijk succesvol, hij had de leiding over een eigen bedrijf, musiceerde veel en had daarbij ook nog zijn huis verbouwd.

Over zijn relatie thuis vertelde hij weinig. Ik vermoedde wel dat er problemen waren. Om die te ontwijken gingen hij en zijn vrouw zo veel mogelijk hun eigen gang.

Toen ik zelf verhuisde, was hij gelukkig heel behulpzaam. Hij heeft me enorm geholpen met het aanleggen van de elektriciteit en andere ingewikkelde klussen. Hij was blij dat hij eindelijk iets voor me kon doen.

Toch werd de behoefte aan erkenning van mijn bestaan in zijn leven en om leuke dingen met hem te doen steeds groter. Ik wilde graag met hem naar het theater, naar een concert. Hij durfde het niet aan, was bang bekenden tegen te komen. Ik werd steeds bozer vanwege de onmogelijke situatie waar ik in zat en hield mijn woede niet meer voor me, wilde hem laten zien hoe veel verdriet ik had. Hoe ik heen-en-weer geslingerd werd tussen woede, onmacht en liefde. We hebben in die tijd dan ook heftige scènes meegemaakt. Maar er veranderde niets.

Twee keer heb ik het uitgemaakt, maar dat duurde nooit langer dan een paar weken. Dan namen we toch weer contact op, het was zo kaal zonder elkaar. De behoefte aan aandacht en liefde was te groot.

Jaap heeft het ook een keer uitgemaakt. De reden was dat hij de spanning niet meer aankon. Het vloog hem allemaal naar de keel, hij sliep niet meer en liep met een steen in zijn maag rond. Na een paar maanden was alles weer als vanouds.

Ik had altijd begrip gehad voor de moeilijke situatie waar Jaap in zat, maar langzaam veranderde er iets. Ik kreeg de indruk dat zijn vrouw thuis in feite de touwtjes in handen had en dat hij bang was voor de ruzies. Dat hij zich als reactie daarop, afsloot en zijn eigen gang ging.

Ik vond dat het tijd werd dat hij stelling nam. Ik vroeg hem nogmaals de confrontatie aan te gaan en thuis open kaart te spelen. Hij heeft het niet gedaan, zelfs niet toen hij en zijn vrouw samen in therapie gingen om de huwelijksproblemen op te lossen.

Na tien jaar vol hoop dat er iets zou veranderen, besloot ik dat ik van hem los moest komen. Ik ben gaan daten, via internet. Ik vond het enerverend, kreeg leuke reacties. Na een paar maanden kwam ik in contact met iemand die erg in mij geïnteresseerd was. Hij kon prachtige brieven schrijven, we maakten een afspraak en het klikte. Hij had alles wat Jaap mij niet kon bieden. Hij was vrij, ik kon met hem gaan en staan waar ik wilde. Hij had gevoel voor humor en ik werd stapelverliefd.

Al snel bracht ik Jaap op de hoogte. Hij reageerde heel lief, gunde me een nieuwe liefde maar raakte overstuur toen het tot hem doordrong dat hij me kwijt was. Hij belde me in paniek op en wilde iets regelen voor de verre toekomst, voordat ik uit zijn leven zou verdwijnen. Hoewel hij net zestig was, was hij bezig met zijn sterfelijkheid. Hij was bang dat ik in de krant zou lezen dat hij gestorven was of dat ik het veel later bij toeval zou horen. Dat wilde hij niet. Daarom vond hij het belangrijk dat ik kennismaakte met zijn dochter. Ik vond het een goed idee. We hebben met z'n drieën gegeten. Heel gezellig was het, zijn dochter en ik konden goed met elkaar overweg. We hebben telefoonnummers en e-mailadressen uitgewisseld. Als er iets zou gebeuren, zou ze het me laten weten.

Helaas, ook deze nieuwe liefde was minder trouw dan ik dacht. Na vijf leuke maanden ontmoette hij een oude liefde en was het uit tussen ons. Ik was ontroostbaar.

Jaap nam me vijf dagen mee naar Duitsland, hij was heel lief, maar ik was er met mijn gedachten niet bij. Na deze ervaring zagen we elkaar af en toe. Na verloop van tijd begonnen we toch weer met elkaar te vrijen, maar er was afstand. Wanneer hij kwam, moest ik me altijd over een grote irritatie heen zetten. Ik werd ook harder. Ik realiseer me nu dat ik, in mijn wanhoop, diverse keren op zijn ziel heb getrapt. Langzaamaan zagen we elkaar steeds minder.

Om mezelf op een ander spoor te zetten, ben ik een intensieve opleiding van een jaar begonnen. De opleiding nam me dermate in beslag dat ik bijna niemand meer zag, ook Jaap niet. Desondanks had ik het gevoel dat hij er voor me was. Af en toe stuurden we elkaar een teken van leven, een sms'je. Zo kwam ik er onlangs achter dat hij aan het verhuizen was.

Toen ik hem een paar dagen erna aan de telefoon had, vertelde hij me dat hij niet meer thuis woonde. Hij was zelfstandig in een appartement gaan wonen… Hij had een vrouw ontmoet die na een huwelijk van dertig jaar haar man had verlaten… Zij was de reden dat hij bij zijn vrouw was weggegaan…

Ik hield me flink maar was totaal uit mijn doen, wilde eigenlijk van alles vragen maar was perplex. Toen zei hij als afscheid: "Tot ziens." Dat was de genadeklap. Hij wist hoe erg ik dat vond.

Het is me uiteindelijk gelukt om mijn examen te halen, iets waar ik heel trots op ben.

Maar ik heb nu te kampen met dit treurige en pijnlijke einde van een heftige en gepassioneerde relatie. Ik voel me verraden.

De man die ik ondanks alles beschouwde als de liefde van mijn leven ben ik kwijt.'

Thuis vertellen

Joan zegt: 'Ik vroeg hem dringend het thuis te vertellen. Ik voelde me schuldig ten opzichte van zijn vrouw, vond het niet in de haak wat er gebeurde. Niet van hem en ook niet van mijzelf. Maar hij weigerde, hij wist precies hoe zijn vrouw zou reageren. (…) Ik zei hem dat dit stiekeme gedoe voor zijn vrouw toch ook niet prettig was. Zijn weerwoord was dat hij, sinds de relatie met mij een stuk vrolijker was geworden en dat het ook een positieve invloed had op de sfeer thuis. Kortom, dat zijn vrouw geen enkel nadeel ondervond, integendeel.'

Minnaressen willen graag dat de man aan zijn echtgenote over hun relatie vertelt. Wanneer de man namelijk thuis vertelt over de minnares, krijgt zij een soort bestaansrecht: zij en daarmee de relatie van haar en de man bestaan echt. Daarmee dwingt een minnares (negatief of niet) erkenning af. Maar wat zij zich niet altijd goed realiseert, is dat dit kan leiden tot een einde. Of ze wil het niet weten en blijft daarom de grens voor zich uit schuiven, zodat de relatie met de geliefde zo lang mogelijk 'ongestoord' kan voortduren. Want 'het vertellen' leidt hoe dan ook tot een beslissing. Het is overigens een utopische veronderstelling dat de man dan voor zijn minnares zal kiezen. Uit cijfers blijkt vaak het tegendeel. 1,5% van de mannen gaat weg bij zijn vrouw om met zijn minnares te gaan wonen. Daar weer 15% van houdt het als nieuw paar samen vol.

Alleen om de seks

Dat mannen alleen vreemdgaan om de seks, is te simpel gesteld. Niet dat seks onbelangrijk is: mannen hebben meer behoefte aan seksuele variatie dan vrouwen. Dat zie je bijvoorbeeld ook aan de seksratio: wanneer in een bepaalde leeftijdsgroep in de maatschappij meer mannen zijn dan vrouwen, dan zullen de mannen als het ware de macht nemen en nemen de overspelcijfers significant toe dan wanneer er meer vrouwen in de groep zitten. In het geval dat vrouwen in de meerderheid zijn en daardoor de 'seksuele macht' hebben, is er een sterkere tendens naar monogamie. Mannen schikken zich dan naar de (behoeften van de) vrouw.

Soms zoekt een man intimiteit in zijn buitenechtelijke relatie. Maar bij vreemdgaan is verliefdheid bovenal een belangrijke factor. En verliefdheid is ongrijpbaar. Het is een toestand waarin je terechtkomt. De kans dat je verliefd wordt is niet per se afhankelijk van de situatie waarin je verkeert. Of je huwelijk nu goed of slecht is, verliefd kun je altijd worden. In tegenstelling tot wat veel mensen denken, heeft openstaan voor verliefdheid daar niets mee te maken. Maar triggers voor verliefdheid zijn moeilijk op te sporen. Onbewuste motieven en drijfveren bepalen de aantrekkingskracht. Zo kun je verliefd worden op een vrouw omdat je in haar stem de warme stem van je moeder herkent. Om echter de verliefdheid om te zetten in 'daden' is iets heel anders. Wat is het dan waardoor iemand die stap wel zet? Toch een slecht huwelijk? Of spanning zoeken? Is het verbodene aantrekkelijk? Of…? Hoewel een ieder hierover zo zijn of haar gedachten heeft, weten we het antwoord nooit echt.

Bij hem heb ik nee leren zeggen

Yvette en Stan

'Als ik over liefdesrelaties praat, krijg ik het altijd benauwd. Dan voel ik een klem rond mijn keel en mijn borst. Mijn hele leven heb ik geprobeerd van mijn bindingsangst af te komen. Maar de angst ligt zo diep in mij verankerd, het is nooit gelukt. De enige mogelijkheid is om het te accepteren. Want het gevecht ertegen maakt het alleen maar moeilijker.

Ondanks de vele therapieën heb ik nooit kunnen achterhalen waar die sterke bindingsangst vandaan komt. Ik denk dat het een combinatie van factoren is.

Mijn ouders hadden een traditioneel huwelijk. Mijn moeder was weliswaar extreem jaloers, zodat er ook wel ruzies waren in huis, maar in hun eigen ogen hadden ze het goed. Op mijn elfde jaar kreeg mijn vader een hartaanval waardoor ons leven ingrijpend veranderde. We moesten stil zijn en mochten geen ruzie meer maken, anders zou mijn vader zich op gaan winden en weer een hartaanval krijgen en misschien wel doodgaan…Eigenlijk mochten we geen kind meer zijn. Mijn vader heeft zich redelijk hersteld en is erg sportief geworden. Ik herinner me dat ik niet naar hem durfde te kijken wanneer hij ging tennissen. Ik was bang dat hij ter plekke neer zou vallen. De angst voor een nieuw infarct lag altijd op de loer. Het was duidelijk, ik moest doen wat er gezegd werd en ik probeerde dan ook een ideaal en perfect meisje te zijn. Ik denk dat dit van invloed is geweest op mijn bindingsangst.

Al vroeg ging ik samenwonen. Eenentwintig was ik. Ik wilde het huis uit. Het is een treurige tijd geworden. Ik voelde me lichamelijk tot mijn vriend aangetrokken, maar we hadden geen contact met elkaar. Ik heb het drie jaar volgehouden. De relatie stopte en daarna stortte ik in. Een zware periode volgde. Die duurde zeker zeven jaar.

Langzaam ontdekte ik dat ik in mijn werk veel meer kon betekenen dan ik altijd gedacht had. Ik deed allerlei cursussen waar ik mijn energie en creativiteit in kwijt kon. Dat hielp me er bovenop.

Ik werd een zelfstandige vrouw die het leven op orde had. Ik was onafhankelijk, succesvol in mijn werk, had een goed inkomen, een auto, veel hobby's. Ik had leuke vrienden, reisde veel, had geen kinderen aan mijn rok hangen en zag er ook nog leuk uit. Ik had veel vriendjes, nooit een getrouwde man, dat keurde ik af.

Het overkwam me weleens dat ik verliefd werd, maar het duurde gelukkig nooit langer dan twee dagen. Verliefd zijn is in mijn ogen verschrikkelijk. Je staat buiten de werkelijkheid. Je maakt iemand veel te mooi. Ik ervaar het eerder als iets naars, iets negatiefs.

Eigenlijk wilde ik alleen maar een seksuele relatie met een man. Als ik een man voor het eerst ontmoette, was ik een leeuw. In mijn veroveringsdrift haalde ik alles uit de kast. Maar wanneer ik merkte dat iemand geïnteresseerd was, kwam de angst opzetten. Dan kreeg ik het benauwd, dus een emotionele band ging ik uit de weg. Ik had beslist last van mannengedrag. Twee keer met elkaar naar bed en dan was het over.

Ik werd een voorbeeld voor al mijn vriendinnen. In hun ogen was ik zelfstandig, kon alles en had niemand nodig. Dat vond ik zelf ook.

Toch droomde ik ervan een vaste relatie te hebben. Ik vond het erg dat het me niet lukte en ben dan ook jarenlang in therapie geweest om van mijn angst af te komen.

Rond mijn veertigste ontmoette ik Stan in een café. Ik voelde me erg tot hem aangetrokken omdat hij zwart was. Hij woonde in Suriname en was hier voor een paar maanden in verband met zijn werk. Ik was net verhuisd, vertelde hem over mijn nieuwe woning en dat ik me geen raad wist omdat er nog zo veel moest gebeuren. Hij bood aan me te helpen en gaf me zijn telefoonnummer.

Ik heb hem opgebeld en vanaf die tijd kwam hij regelmatig langs om te klussen. Tot mijn grote vreugde vond hij het leuk om te koken en maakte hij af en toe een heerlijke Surinaamse maaltijd. Hij heeft me vrijwel meteen verteld dat hij getrouwd was en twee kinderen had.

Na een aantal bezoeken zijn we iets met elkaar begonnen.

Kort daarop werd ik ernstig ziek en kwam ik onverwachts in het ziekenhuis terecht. Het vooruitzicht was dat ik er zeker een maand zou moeten blijven. Ik wist me geen raad, had planten en katten thuis. Mijn vriendinnen woonden te ver weg om me te helpen en ik kende de buren nog niet. Uiteindelijk belde ik Stan en vroeg hem of hij zo lang in mijn huis wilde wonen. Dat deed hij graag, want hij woonde slecht.

Tot ieders verbazing kwam ik eerder uit het ziekenhuis dan verwacht. Onverwachts woonde ik met iemand samen, met Stan. Ik moest volledige rust houden en Stan verzorgde me goed. Seks was niet mogelijk tot ik beter was verklaard. Tot mijn stomme verbazing accepteerde hij dat en probeerde niets. Dat vond ik fantastisch.

Na een paar weken ging Stan terug naar Suriname. Ik vond het geen probleem, ik wist dat hij weer terug zou komen.

In de begintijd was hij hier regelmatig een paar maanden. Later veranderde dat en kwam hij een paar weken. Hij was erg verliefd, meer dan ik. Dat hij getrouwd was vond ik eerder een geruststelling dan een probleem. Omdat zijn vrouw zo ver weg woonde werd ik niet met haar geconfronteerd, dat maakte de situatie hanteerbaar.

Wanneer hij in Suriname was, schreven en belden we elkaar regelmatig. Ik had de behoefte hem te vertellen wat er gebeurde in mijn leven. Voor mijn gevoel waren we ook op afstand geliefden van elkaar.

In het begin droomde ik ervan dat het echt iets zou worden tussen ons, want we konden het heel goed met elkaar vinden. Hij was altijd lief en zorgzaam, nieuwsgierig en geïnteresseerd. Ik vond hem heel aantrekkelijk en voelde me prettig en op mijn gemak bij hem; dat was nieuw. We hadden hetzelfde gevoel voor humor en lachten heel wat af met z'n tweeën. Samen gingen we winkelen en uit eten. Toen hij zei dat hij zo met me zou kunnen samenwonen, ervaarde ik dat als een groot compliment. Opgelucht was ik en had het idee dat ik was genezen van mijn bindingsangst. Eindelijk was ik in staat met iemand samen te wonen.

Ik had geen schuldgevoel ten opzichte van zijn vrouw. Hij was heel duidelijk, hij was niet van plan te scheiden, hij had een goed huwelijk. Hij vond dat hij een stukje van zijn leven voor zichzelf mocht houden. Ik kreeg de indruk dat hij een goede echtgenoot was.

Ik verheugde me erop als hij kwam, als hij wegging was het wennen, maar erg vond ik het nooit. Ik kon altijd terugkijken op een heerlijke tijd.

Ik heb mijn ouders nooit iets verteld over hem. Mijn vrienden en kennissen wisten het allemaal, want ik nam hem overal mee naar toe. Ze accepteerden de relatie want ze zagen dat ik er niet onder leed. Sommigen waren zelfs jaloers.

Na een paar jaar woonde hij een aantal maanden in Amerika. Ik zocht hem daar op en logeerde een week bij hem. Ik werd feestelijk onthaald, hij had een koelkast vol met lekkere dingen en ik voelde me zeer welkom. We gingen er samen op uit en hadden een heerlijke tijd.

Een paar jaar later werd ik uitgenodigd voor een feestelijke en officiële aangelegenheid ter ere van Stan, waarbij ook zijn vrouw aanwezig was. Ik voelde me zeer vereerd, maar vond het doodeng. Toch besloot ik erheen te gaan omdat ik vond dat ik erbij hoorde. Na afloop werd ik zelfs uitgenodigd om aanwezig te zijn bij het diner. Daar zag ik zijn hele familie en werd voorgesteld als een goede vriendin…

Na verloop van tijd werden zijn bezoeken aan Nederland steeds minder frequent. Ik zag hem nog maar eens in het half jaar. Zelf had ik ook weleens een ander vriendje, maar ik vertelde het hem altijd. Tussen ons ontstond een zekere sleur. Hij had het altijd erg druk wanneer hij hier was: familiebezoek en vooral heel veel boodschappen.

Ik kreeg de indruk dat het met zijn huwelijk niet zo goed ging. Er waren problemen met zijn kinderen en daardoor ontstonden meningsverschillen tussen hem en zijn vrouw. Uiteindelijk knapte ik op hem af. Hij bleek een nieuwe vriendin te hebben. Ik kwam er toevallig achter. Na heel veel pijn en moeite gaf hij toe dat hij in Suriname iemand anders had ontmoet.

Ik was diep beledigd vooral omdat hij niet eerlijk was geweest. Daarna is de relatie doodgebloed. Ik realiseerde me dat het afgelopen was, dat het uit was.

Voor mijn gevoel was het goed zo. De warmte was veranderd in een gewoonte. We waren van elkaar vervreemd geraakt. Misschien ook wel door mijn zoektocht naar een ander, omdat ik wist dat hij nooit van zijn vrouw af zou gaan. De relatie heeft alles bij elkaar zeven jaar geduurd.

Ik kijk terug op een heel leuke tijd met hem. Bovendien is hij zeer belangrijk geweest in de ontwikkeling van mezelf. Ik had het nooit willen missen. Hij was de juiste persoon op de juiste plek op de juiste tijd. Bij hem heb ik nee leren zeggen, dat was een bevrijding. Bij hem heb ik eindelijk geleerd om me prettig te voelen bij een man.

De bindingsangst, dat beklemde gevoel rond mijn borst, is nog niet weg. Voor een deel verklaar ik het uit het verleden met mijn ouders. Gedeeltelijk verklaar ik het uit een vorig leven. Tijdens reguliere therapieën heb ik heel veel geleerd, maar ik ben nooit van mijn angst afgekomen en ik heb me jarenlang afgevraagd waar die extreme angst toch vandaan kwam. Tot ik terechtkwam bij een reïncarnatietherapeute. De verklaring dat mijn angst voortvloeit uit een vorig leven heeft me rust gegeven, heeft een bevrijdende uitwerking op me gehad. Ik heb de angst geaccepteerd en probeer nu een manier te vinden om ermee om te gaan.

Een paar jaar na het afscheid van Stan heb ik opnieuw iemand ontmoet, een veel jongere man uit Zuid-Amerika. Sinds ik mezelf en mijn angsten accepteer, kan ik een gevoel van liefde en warmte opbrengen voor een ander. Het is een ongekend gevoel voor mij.'

Bindingsangst

'Dat hij getrouwd was, vond ik eerder een geruststelling dan een probleem,' zegt Yvette. Bij haar is er, zoals ze zelf zegt, sprake van bindingsangst. Ze heeft een vermijdende hechtingsstijl. Maar ook Yvette wil een relatie, zo zit de natuur nu eenmaal in elkaar. Zij krijgt het alleen snel benauwd, en vindt een manier om de partner niet te dichtbij te laten komen. De afstand die zij creëert veroorzaakt hetzelfde gevoel als bij iemand die heimelijk verliefd wordt op haar baas: het kan eigenlijk niet, maar het is wel een prettig gevoel.

Geschiedenis van liefdeshuwelijken

Doordat Yvette financieel onafhankelijk is (én bindingsangst heeft) zit zij in de 'ideale' situatie mannen van zich af te kunnen stoten. Wanneer zij echter in de Middeleeuwen had geleefd, was zij als alleenstaande vrouw beland in een klooster of had ze moeten werken als weefster of erger, als prostituee. Maar doordat Yvette in deze tijd leeft, kon zij in fases de liefde leren kennen. Zo kon ze haar bindingsangst (gedeeltelijk) overwinnen.

Vroeger waren huwelijken en relaties meedogenlozer en praktisch ingesteld. Vorstenhuizen en adellijke families waren zeer zeker van hun zaak: met burgermeisjes of -jongens trouwde je niet. Al was het alleen maar om het familiebezit niet te hoeven delen. Het bezit uitbreiden met landgoederen, kastelen en macht, dat was een mooie bijkomstigheid van een verstandshuwelijk binnen de eigen stand. In het verlengde hiervan trouwden ook burgers om economische motieven met elkaar. Pas later, zo rond 1900, werd liefde een reden om met elkaar te trouwen.

Hoewel liefde een (grotere) rol kreeg binnen het huwelijk, waren vrouwen veelal wel financieel afhankelijk van hun man. Hij was degene die geld in het laatje bracht. De vrouw zorgde voor de kinderen en het huis(houden).

Dankzij de vrouwenemancipatie zijn relaties gelijkwaardiger geworden, vrouwen kunnen sindsdien volledig zelfstandig zijn. Een belangrijke functie van het huwelijk is natuurlijk ook altijd geweest te zorgen voor nageslacht. Maar het gezin is veel minder de hoeksteen van de samenleving dan vroeger en bovendien valt daar veel meer zelf in te sturen. Het is geaccepteerd om zelf te kiezen of je al dan niet kinderen wilt, wanneer je ze wilt en hoeveel. Ook de gezinssamenstelling is niet per se het traditionele plaatje meer van vader, moeder en kinderen. Daarnaast worden veel mensen op latere leeftijd single, één op de drie lange relaties strandt immers en deze gescheiden partners komen weer op de 'relatiemarkt'.

Door deze maatschappelijke ontwikkelingen is de rol van de liefde veel meer naar de voorgrond gekomen. Sterker nog, voor nieuwe relaties geldt slechts één wens: wederzijdse liefde voelen. Dus als het daaraan (op een gegeven moment) ontbreekt in een relatie, wordt die gemakkelijker beëindigd dan vroeger. Want voor de financiën of de kinderen is een relatie niet meer noodzakelijk. Kortom: het is geen kwestie meer van overleven als je alleen komt te staan. Je kunt het in je eentje ook goed hebben, en bovendien zijn er misschien wel andere aardige partners te vinden. Nederland loopt wat dat betreft voorop in Europa. Het percentage singles is maar liefst 14,4 procent van de bevolking, alleen West-Duitsland en Zwitserland hebben in Europa een hoger percentage. We spreken dus steeds vaker van seriële monogamie: langdurende monogame relaties volgen elkaar op.[6]

Mijn Grote Liefde is getrouwd

Ruth en Dorus

'Ik hoop dat hij bij zijn vrouw weg zal gaan, maar ik denk niet dat het zal gebeuren. Financieel gezien, zijn ze enorm met elkaar verbonden. Ze hebben samen een bedrijf, hebben keihard gewerkt en zijn door de jaren heen rijk geworden. Ze hebben veel geld en bezittingen, dit alles geven ze niet graag op. Ik zou graag een echte relatie met hem aangaan, maar niet in één huis, dan zou ik gek worden.

Als ik hem voor de keuze zou stellen, weet ik niet wat er zou gebeuren. Ik heb het nooit gedaan omdat ik vind dat die keuze van hemzelf moet komen. Bovendien ben ik erg gesteld op een eigen leven.

Ik hou erg veel rekening met hem. Ik vind een geheime relatie niet makkelijk en heb de neiging me te schikken naar een ander: tot voor kort bleven we niet hier, maar gingen we altijd samen naar een andere stad. Dorus was namelijk bang dat hij herkend zou worden en dat *zij* het te horen zou krijgen. Ik paste me aan, maar leuk was anders. Roddels over ons ontken ik om hem te beschermen.

Ik bel hem nooit. Hij heeft weliswaar een mobiele telefoon, maar zijn vrouw is zeer wantrouwig en doortastend, en controleert bovendien alles. Ik wil niet dat hij door mij in de problemen komt. Ik ben dus altijd afhankelijk van wat híj doet, wanneer híj me belt. Als ik iets wil vertellen of overleggen dan gaat dat niet. Soms wil ik dat niet meer.

De laatste tijd overweeg ik regelmatig om ermee te stoppen, omdat ik het zat ben de tweede viool te spelen.

Ik kom uit een gezin met drie kinderen. Ik had geen gelukkige jeugd. Er werd bij mij thuis óver elkaar gesproken, niet mét elkaar. Op foto's van vroeger staat een ernstig kind dat nooit lachte.

Mijn vader was Joods, zijn ouders vluchtten tijdens de Kristallnacht vanuit Duitsland naar Nederland, met hun twee kinderen, mijn vader en zijn zusje. De rest van de familie bleef achter, werd meegenomen en uiteindelijk vermoord. Mijn vaders zusje werd hier in Nederland opgepakt en is ook omgekomen. Mijn vader was puber en overleefde de oorlog door onder te duiken. Hij sprak er nooit over. Als ik iets van mijn moeder of grootmoeder hoorde en als ik hem er daarna iets over vroeg dan maakte hij zich er met een grap vanaf: "Joods, wat is dat, kun je dat eten...?"

Ik hield veel van mijn vader. Hij was trots op mij. En ik? Ik zette hem op een voetstuk. Helaas, hij was er bijna nooit, hij moest altijd overwerken.

Met mijn moeder kon ik in mijn puberteit totaal niet opschieten, ik deed nooit iets goed. In een woedeaanval heeft ze me eens toegeroepen dat ik een mislukte abortus was. Door de jaren heen heb ik meer begrip voor haar gekregen. Ook zij had een moeilijke jeugd. Ze kwam uit een degelijk gezin, was zelf zeer artistiek, maar werd door haar ouders niet begrepen en door haar vader zelfs mishandeld.

Mijn ouders hadden een problematische relatie. Vaak hoorden we 's avonds beneden gegil en geschreeuw. We wisten nooit wat er aan de hand was. Mijn ouders hadden allebei relaties met anderen, maar wisten het niet van elkaar. Ze namen mij in vertrouwen toen ik nog heel jong was en vertelden mij over hun geheime liefdes. Ik had het er moeilijk mee, voelde me een verraadster ten opzichte van allebei mijn ouders.

Ze gingen hun eigen gang en gingen vaak uit elkaar. Ondanks alle vrienden en vriendinnen kwamen ze altijd weer bij elkaar terug. Mijn vader is inmiddels overleden.

Al vroeg, op mijn zestiende, ging ik het huis uit. Een aantal jaren later ontmoette ik de man die de vader van mijn dochter zou worden. Hij was dertien jaar ouder en vond mij helemaal geweldig. Ik was lief en naïef, en werd zwanger. Helaas, hij begon steeds meer autoritaire trekjes te vertonen. Ik werd zelfs bang van hem. Uiteindelijk werd het zo erg dat ik het huis uit vluchtte, samen met mijn dochter van drieënhalf.

Mijn Getrouwde Grote Liefde ken ik al tweeëntwintig jaar. Terwijl ik met een aantal mensen uit eten was, zag ik aan een ander tafeltje een man zitten die duidelijk belangstelling voor me had. Toen hij bij ons aan tafel kwam zitten, was ik niet geïnteresseerd, ik vond hem zelfs irritant. Een paar dagen later kwam ik hem op straat tegen, samen met een vriend en ik werd uitgenodigd voor een ritje in een grote Amerikaan. We hebben de hele dag met z'n drieën doorgebracht. Het was heerlijk. En ik begon Dorus steeds leuker te vinden.

Daarna belde hij me vaak op. Ik hield afstand want hij was net gescheiden van zijn tweede vrouw. Ten slotte ben ik op zijn uitnodigingen ingegaan.

Inmiddels was ik verliefd geworden, stapelverliefd zelfs, maar ik vertelde het hem niet. Dat durfde ik niet. In mijn ogen kregen we een relatie, maar volgens Dorus niet, hij was er nog niet aan toe, hij zag het als iets vrijblijvends. Ik zag hem vaak tijden niet, dan was hij met andere vrouwen bezig. Vaak midden in de nacht kwam hij opeens weer opdagen.

Als ik lange tijd niets van hem hoorde, stortte ik in. Ik viel in een grote diepe put en voelde me enorm in de steek gelaten, mijn hele bestaansrecht leek verdwenen te zijn. Ik durfde nauwelijks de straat op om boodschappen te doen en was diep wanhopig. Ik heb maanden op bed gelegen, kon helemaal niets meer. Ik hielp 's ochtends mijn dochter naar school en ging weer naar bed, tot ze thuiskwam. Toen ging ik in therapie en begon antidepressiva te gebruiken. Dat hielp enigszins.

In zo'n periode van grote stilte ontmoette ik Henk. Henk was het omgekeerde van Dorus. Hij vond alles best. Zeven jaar heb ik het met hem volgehouden omdat hij zo lief en betrouwbaar was, maar toen was de liefde over. Daarna kwam Dorus weer in beeld. Na de lange pauze was de aantrekkingskracht nog niet verdwenen. Hij bleek sinds kort een nieuwe vriendin te hebben, trouwde zelfs met deze vrouw. Ik hoorde het achteraf pas. Het was een enorme klap voor me. "Zij wilde het zo graag," was het laffe antwoord van Dorus. Toch begon alles na enige tijd weer van voren af aan. Maar er was wel wat veranderd, ook voor hem werd het serieus, al was het stiekem.

Het stiekeme vind ik verschrikkelijk, ik hou van rechtdoorzee, maar kennelijk is hij zo belangrijk voor mij dat ik het ervoor overheb. Ik heb hem vaak duidelijk proberen te maken dat ik me ongelukkig voel met de situatie. Hij zegt dan altijd dat ik geduld moet hebben. Ik heb het heel vaak uitgemaakt, maar dat duurde een week, een maand. Dan was ik diep ongelukkig. Altijd weer kwamen we elkaar toevallig tegen en begon alles opnieuw.
Nadat hij een relatie kreeg met deze nieuwe vrouw zagen we elkaar een paar keer per week. Vanaf die tijd heb ik hem nooit meer gebeld. Ik wilde de situatie tussen die twee niet verstoren. Ik heb vaak tegen hem gezegd: "Als je van je vrouw af wilt, moet je het niet voor mij doen, maar voor jezelf. Ik denk dat je er ge-

lukkiger door zou worden. Maar ja, wie ben ik? Het is jouw leven."

Uit zijn eerste huwelijk heeft hij twee kinderen. Vroeger, toen ze klein waren, zag ik ze vaak omdat ze dezelfde leeftijd hebben als mijn dochter. Ze konden goed met elkaar opschieten. Sinds hij samenleeft met deze vrouw, houdt hij de kinderen bij me weg. Hij wil ze niet belasten. Dat begrijp ik, maar het doet me wel verdriet.

Een aantal jaren geleden ging ik voor het eerst met Dorus op vakantie. Drie weken lang naar een ver en zonnig eiland. Ik voelde me een prinses, genoot van de zon, het strand en een luxueus hotel. Eindelijk kon ik samen met hem de nacht doorbrengen, lekker tegen elkaar aan, dat had ik nog nooit meegemaakt. Hij moest immers altijd weer weg.

Zijn vrouw wist van niets. Maar toen hij terugkwam, was zij helemaal overstuur. Iemand uit haar kennissenkring had haar verteld wat er aan de hand was. Ze was kwaad op alles en iedereen, woedend dat niemand haar iets verteld had. Ze was vooral boos op mij. Niet op Dorus. Wel moest hij binnen vierentwintig uur een keuze maken. Hij heeft voor zijn vrouw gekozen. Wij konden elkaar dus niet meer zien, want vanaf die tijd controleerde zijn vrouw alles, zijn post, zijn e-mail, zijn telefoon…

Dankzij de antidepressiva ben ik niet opnieuw ingestort. Ik kon door met mijn leven, ik wist mezelf overeind te houden. Na een jaar kwamen we elkaar weer tegen en het was weer even leuk en spannend als voorheen. Bijna vanzelfsprekend begon alles opnieuw.

Onze relatie is nu nog geheimer dan die al was. We hebben inmiddels een afspraak op een vaste dag, als zijn vrouw een cursus doet in Rotterdam. Het komt niet meer voor dat hij niets van zich laat horen.

Over de relatie met zijn vrouw zegt Dorus weinig, behalve als ik ernaar vraag. Zijn vrouw zou graag in relatietherapie willen, maar hij voelt er niets voor. Ik heb weinig last van schuldgevoelens ten opzichte van zijn vrouw. Ik heb haar een paar keer ontmoet via gemeenschappelijke kennissen, maar ik mag haar niet. Ik vind haar hard en berekenend.

Ik ben erg blij dat ik niet meer zo afhankelijk van hem ben, dat ik mijn eigen leven kan leiden. In de loop der tijd ben ik emotioneel zelfstandiger geworden. Ik ben niet jaloers, ik laat iemand graag in z'n waarde en wil niemand in z'n vrijheid beknotten. Toch ben ik emotioneel niet in balans, ondanks de antidepressiva die ik vermoedelijk mijn hele leven zal moeten gebruiken. Soms kan ik de situatie goed aan en ben ik blij dat ik Dorus niet dag en nacht om me heen heb. Dan heb ik weer last van enorme inzinkingen en ben ik heel verdrietig dat ik op de zoveelste plaats kom, na z'n kinderen, z'n werk, z'n vrouw, z'n vrienden. Vaak krijg ik dan last van mijn lichaam, pijn in mijn rug, in mijn nek. Als ik het nuchter beschouw, denk ik: hij hoort helemaal niet bij mij. Hij is onbetrouwbaar en oneerlijk… Maar gek hè? Toch doe ik het…

Ik zie zijn zwakke kanten, maar kennelijk overheerst de sterke band die ik met hem heb. Ik denk niet dat we elkaar nog kunnen loslaten. Hij is groot, hij is spannend, hij heeft ogen waar ik voor smelt, hij is mijn Grote Liefde. Verder hebben we dezelfde interesses: kunst, vormgeving en architectuur. We gaan naar musea en heel vaak gaan we uit eten in een sterrenrestaurant buiten de stad of in België. We zijn allebei lekkerbekken.

Hij sluit zijn wereld niet helemaal voor me af. Ik heb een aantal vrienden van hem leren kennen, vrienden die hij vertrouwt. We gaan regelmatig bij ze langs, altijd leuk en gezellig.

Ik heb weinig geld, hij is een vermogend man. Heel af en toe helpt hij mij als ik in de problemen zit. Maar ik vind het altijd moeilijk om aan te nemen, ik heb mijn trots.

Na al die jaren zijn we sterk met elkaar verbonden, we weten veel van elkaar. De seksuele band is een belangrijke factor. En hij vertedert me. Ik zie in hem een klein gefrustreerd jongetje en zie dat hij emotioneel beschadigd is. Ook hij had een ingewikkelde jeugd. Zijn moeder pleegde zelfmoord toen hij nog jong was. Ik wil het eigenlijk niet, maar toch vervul ik in zekere mate een moederrol.

Ik weet niet hoe mijn toekomst eruitziet. Misschien blijf ik altijd wel de geheime minnares. Hij is een man die geen keuzes kan maken, dat besef ik heel goed. Het voordeel van deze relatie is dat ik mijn eigen gang kan gaan. Het geeft me vrijheid.
Ik zou niet met hem samen willen leven, hij is erg onrustig. Bovendien kan ik nu makkelijker afstand nemen van zijn minder leuke kanten. Verder weet ik niet of ik het zelf nog zou kunnen, het samenleven. Deze vorm is misschien helemaal niet zo gek. Van al het dagelijkse ongemak heb ik nu geen last.
Ik fantaseer er wel over. Over een huis aan het water met een grote tuin. Ik ben dan in de tuin bezig en hij doet andere dingen. Koken of zo. Dat is toch wel bijzonder na tweeëntwintig jaar.'

Situatie beëindigen

Liefde is geven en ook nemen. Maar te veel geven, kan hier het probleem zijn. Ruth offert haar (liefdes)leven voor Dorus op. Vroeg of laat levert dat een bitter gevoel op. 'Ik weet niet hoe mijn toekomst eruitziet,' zegt Ruth. Dorus neemt geen beslissing, alleen Ruth zelf kan dat doen. Maar de consequentie daarvan zal zijn dat de relatie wordt verbroken.

Vrouwen nemen veelal op gevoel de beslissing om in een buitenrelationele verhouding te stappen. Vrijwel nooit zullen zij aangeven op zoek te zijn gegaan naar een getrouwde man. Maar hormonen en aantrekkingskracht spelen een grote rol. De nadelen van deze verhouding raken op de achtergrond. Pas wanneer de voor- en nadelen zouden worden gewogen, zou een minnares zien hoe slecht de relatie eigenlijk voor haar is. Wanneer een minnares deze conclusie trekt, is de enige mogelijkheid om de situatie te verbeteren: alle contact verbreken. En dat betekent hem nooit meer zien, ook niet als vriend. Ook niet op zijn begrafenis willen zijn. En juist totaal alle contact verbreken, is verschrikkelijk moeilijk voor de meeste vrouwen. Zeker in het begin, die periode is er één vol rouw. Een nieuw leven opbouwen zonder de man van wie je houdt, is een zware opgave. Maar geen onmogelijke. Zoals alle relaties zijn ook buitenechtelijke relaties onderhevig aan evolutie. Afbreken is ook een vorm van evolutie.

De echtgenote

Soms komt een verhouding in de openbaarheid. Naast een emotionele reactie zal de echtgenote ook eisen gaan stellen aan haar man. Wanneer de man besluit bij haar te blijven, is zij daar uiteraard opgelucht over. Maar hun relatie is nu wel veranderd. Een verwerkingsproces – ze is immers beschaamd in het vertrouwen in haar man, en soms ook in haar zelfvertrouwen – kan lang duren. Ze moet eerst haar gevoel van veiligheid hervinden, zeker weten dat haar man is gestopt met de minnares. Pas als de rust is weergekeerd, dan kan de echtgenote de onrust van de buitenechtelijke relatie verwerken. Dat gaat soms gepaard met wraakgevoelens jegens de man; ze wil hem dezelfde vernedering laten voelen die zij heeft ondergaan. Maar (vaak met hulp van een derde) kan het echtpaar door gesprekken een (nieuw) evenwicht vinden in het huwelijk.[7]

Ik hoopte dat onze relatie uit zou komen

Eleonora en Pim

'Ik wist het meteen: dat is hem.

Hij zat achter een groot en indrukwekkend bureau in zijn werk-kamer en had mijn advies nodig. Er ontstond vrijwel onmiddel-lijk iets tussen ons. Iets spannends, iets flitsend.

Hij nodigde me meteen uit. En ik was helemaal gelukkig. We zijn uit eten gegaan in een duur en chic restaurant. Ik kreeg een vis voorgeschoteld waar ik zelfs nog nooit van gehoord had en ik keek af hoe ik mes en vork moest hanteren. Ik was nog jong, achttien jaar, en was van het ene op het andere moment stapel-verliefd.

Ik geloof niet dat ik wist dat hij getrouwd was, het leek van on-dergeschikt belang te zijn. Eigenlijk wist ik meteen dat ik een re-latie met deze man wilde beginnen. Ik viel als een blok voor hem en de rest was onbelangrijk.

Hij was een man van de wereld. Een wereld die ik niet kende, maar waar ik naar verlangde.

Ik wilde weg uit het kleinburgerlijke milieu waar ik vandaan kwam. Uit eten gaan in een restaurant was er bij mij thuis niet bij, helemaal niet met een wildvreemde man die je net die mid-dag had ontmoet. Ik deed het wel. Ik ben dan ook snel daarna, tegen de wil van mijn ouders, op kamers gegaan.

Als ik terugdenk aan de periode dat ik voor het eerst op eigen benen stond, dan denk ik aan wachten. Ik zat altijd te hopen en te wachten, want misschien kwam hij wel langs. Immers, hij kwam altijd onverwachts. Hij kon mij niet bereiken, want ik had in die tijd, in de jaren zestig, nog geen telefoon. Hem belde ik nooit want ik wilde niet dat hij door mij in de problemen zou komen.

We zagen elkaar ongeveer één keer per week, we hadden geen vaste afspraak. Ik paste me altijd aan. Nooit in het weekend, altijd door de week.

Ik kon in die tijd genoeg vriendjes krijgen. Ik zag er leuk uit. Maar ik heb ze allemaal laten schieten, ik ging door het vuur voor deze man. Hij was voor mij nummer één.

Soms ging ik met hem mee als hij voor zaken naar het buitenland moest. Als ik dan naast hem in zijn auto zat, voelde ik me intens gelukkig. Achteraf gezien aandoenlijk met hoe weinig ik tevreden was. Hij was een moderne, intelligente, talentvolle, wereldse man. Hij zag er goed uit, was goed gekleed en ik was trots. Trots dat ik, als gewoon meisje, gezien werd door deze belangrijke man die vijftien jaar ouder was dan ik en bovendien directeur was van een modern en flitsend bedrijf.

Pim had veel invloed op mij, hij stimuleerde me om me te ontwikkelen. Om cursussen en opleidingen te volgen in mijn eigen vakgebied. Bovendien gaf hij me zelfbewustzijn als vrouw. Ik mocht er zijn in zijn ogen.

Hij deed ook beslist zijn best voor mij. In verband met mijn werk reisde ik veel door het land. Wanneer hij me wilde zien, wist hij me altijd te achterhalen, waar ik ook was. Dan nam hij me mee uit eten, altijd in goede, zorgvuldig uitgezochte restaurants.

Verder maakten we afspraakjes op plekken in de stad die op dat moment "in" waren. Heerlijk vond ik dat. Ik verbaasde me erover dat hij overal met mij durfde te verschijnen. We liepen openlijk als geliefden over straat en zaten op terrassen, we kwamen overal. Toch zijn we nooit ontdekt.

Vrienden van Pim heb ik nooit ontmoet. Zijn vrouw heb ik één keer gezien op een feest waar ik ook was uitgenodigd. Pim besteedde alleen maar aandacht aan mij. Dat moet toch pijnlijk voor haar geweest zijn.

Over mijn relatie met Pim hield ik in eerste instantie mijn mond, later vertelde ik het aan goede vriendinnen en uiteindelijk ook aan mijn familie. Mijn ouders vonden het een schande en verder werd er nogal meewarig over gedaan: "Waar begin je aan? Het wordt toch niets... Je wordt beduveld... Hij eet van twee walletjes." Men zag natuurlijk ook dat het niet alleen maar leuk was; ik was alleen met de feestdagen, op verjaardagen, met vakanties.

Als verklaring voor onze geheime relatie vertelde Pim dat hij geen risico wilde nemen, dat hij zelf een kind van gescheiden ouders was en dat hij dit zijn gezin met twee jonge kinderen niet aan wilde doen. Over zijn vrouw hadden we het nooit. Dat wilde ik niet. Ik vond het te pijnlijk en te confronterend, ik wilde mezelf beschermen. Over zijn kinderen vertelde hij weinig. Achteraf ben ik ervan overtuigd dat hij een zeer afwezige vader was.

Diep in mijn hart hoopte ik dat hij met zijn vrouw zou breken. Die mogelijkheid zat er in want wij hadden een sprankelende, gepassioneerde en heftige relatie. De hoop hield me op de been, maar verscheurde me ook, want ik begon me schuldig te voelen. Ik wilde het niet op mijn geweten hebben dat zijn gezin uit elkaar zou vallen.

Langzaamaan werd duidelijk dat alles bleef zoals het was. Pim bleef bij zijn gezin en onze relatie bleef geheim. Daarom ben ik er na vier jaar mee gestopt.

Eigenlijk had ik zelf een kind van hem willen hebben. Dat is niet gebeurd, ondanks het feit dat ik erg weinig deed aan geboortebeperking. Pas veel later heb ik hem iets verteld over deze heimelijke wens van mij. Soms fantaseer ik er nog weleens over hoe mijn leven zou zijn verlopen als er wel een kind was gekomen.

Kort daarna ontmoette ik de man met wie ik niet lang daarna zou trouwen. Binnen een jaar had ik een kind, een dochter. Drieëntwintig jaar was ik.

Het was een slecht huwelijk. Ondanks het feit dat ik Pim niet meer zag, heeft hij een grote rol gespeeld in deze periode. Ik droomde iedere nacht van hem. Ik droomde dat hij op me wachtte, altijd op dezelfde plek. Altijd in hetzelfde café in de binnenstad. Ik ging 's avonds naar bed en verheugde me op de nacht: dan zou ik Pim weer zien. Het was mijn nachtelijk avontuur...En mijn redding. Wanneer ik van hem gedroomd had, lukte het me weer om de volgende dag door te komen. Want ik werd wakker naast een man van wie ik niet hield.

Vlak nadat ik getrouwd was en na de geboorte van mijn dochter heeft Pim me een keer gebeld met de vraag elkaar weer eens te ontmoeten. Het heeft me in enorme tweestrijd gebracht, maar ik besloot mijn verstand te gebruiken en er niet op in te gaan. Want ik wist dat de gevolgen niet te overzien zouden zijn. Ik ben er tijden van in de war geweest. Pim heeft daarna lange tijd geen contact meer met me gezocht. Hij dacht dat ik gelukkig getrouwd was.

Het tegendeel was waar. Mijn echtgenoot dronk, was af en toe gewelddadig en ook in financieel opzicht kon hij de verantwoordelijkheid van een gezin niet aan. Ik was degene die werkte en het geld verdiende. Ik had een kindermeisje in dienst om voor mijn dochter te zorgen. Dit heb ik twee jaar volgehouden. Toen ben ik van de ene op de andere dag met werken gestopt. Ik verlangde ernaar om zelf voor mijn dochter te zorgen. Bovendien wilde ik mijn man dwingen ook zijn steentje bij te dragen. Ik werd zwanger van mijn tweede kind, een zoon.

Maar mijn plan mislukte. Mijn man kon de verantwoordelijkheid van een vaste baan niet aan. Na de geboorte was ik dus genoodzaakt weer werk te gaan zoeken. Ik kwam terecht bij de PTT. Dit bedrijf had een vooruitstrevend sociaal beleid, waarbij alles erop gericht was om jonge moeders aan het werk te houden. Er was kinderopvang en een bedrijfscrèche. Dit ontlastte me van een aantal grote problemen en pas toen durfde ik het aan om een punt achter het huwelijk te zetten. Daarna volgde een periode van herstel en alleen zijn. Ik was inmiddels achtentwintig jaar.

Een nieuwe fase, nieuwe kansen. Ik ging weer uit, ging weer op zoek naar spanning, op zoek naar een man... Zouden er ook nog aardige mannen bestaan? Het merkwaardige was dat ik op zoek ging naar een man die uiterlijk op Pim leek. Zo'n man heb ik gevonden.

Jan werkte op een booreiland en was de ene week aan het werk, op zee, en de andere week was hij aan wal, hij had een eigen huis. Deze situatie was voor mij aantrekkelijk, want ik was niet op zoek naar een nieuwe echtgenoot en ook niet naar een nieuwe vader voor mijn kinderen. Er bleef genoeg tijd over voor mezelf, voor opleidingen en sociale contacten.

In deze periode nam Pim weer contact met mij op en we begonnen elkaar af en toe weer te ontmoeten. We hadden elkaar meer dan tien jaar niet gezien. De spanning was er een beetje af. Bovendien was ik gek op Jan, ook al was ik niet erg trouw.

Jan hield erg van een borrel, ging graag naar het café. Uiteindelijk leek alles te draaien om drank en uitgaan. Dit mannenleven werd me op een gegeven moment te zwaar. Na zeven jaar hebben we een punt achter deze relatie gezet. Toen Pim wist dat het uit was met Jan begon hij me weer regelmatiger te bellen.

Toen ik daarna opnieuw met Pim begon, was het een bewuste keuze. Ik liep tegen de veertig, was niet meer die leuke, naïeve

jonge meid en wilde een vrijblijvende relatie. Een echte relatie kon of durfde ik niet meer aan na alle slechte ervaringen. Het feit dat hij getrouwd was, kwam me niet slecht uit. Erg sensationeel was het niet, maar er was een zekere vertrouwdheid. Dat was prettig, de lichamelijkheid, de seksualiteit. We kenden elkaar goed en de aantrekkingskracht was blijven bestaan. Wat dat is, kan ik niet onder woorden brengen. Ook nu, na al die jaren, lukt dat nog steeds niet. Het lijkt iets magisch te zijn.
De situatie was inmiddels veranderd. Zijn kinderen waren groot, het huis al uit. Van schuldgevoelens was geen enkele sprake meer.

Langzaam maar zeker ontstond er weer een echte liefdesrelatie tussen ons. Regelmatig en gepassioneerd. We zagen elkaar ongeveer eenmaal per week, we deden veel leuke dingen samen en ik behield mijn vrijheid. Er waren geen conflicten, het was alleen maar leuk. Ik had een druk bestaan, een baan, twee opgroeiende kinderen en een uitgebreid sociaal leven. Er was dus geen sprake meer van wachten. Ik was altijd blij hem weer te zien. Onze ontmoetingen waren kort maar krachtig, intensief en oprecht. Hij gaf mij de aandacht die ik op dat moment in mijn leven nodig had. Hij had een nuchtere kijk en kon mij helpen met de problemen buiten de relatie om.
We hadden een sterke band, we kenden elkaar na al die jaren heel goed en bovendien hadden we dezelfde belangstelling. We gingen naar musea, hadden het over de boeken die we lazen, over beeldende kunst en we gingen regelmatig uit eten.
Langzamerhand ontstond bij mij toch weer de grote, diepe, maar nooit uitgesproken wens dat hij zou breken met zijn vrouw en voor mij zou kiezen. Immers, zijn kinderen waren inmiddels volwassen.

De ommekeer kwam na ongeveer zes jaar toen ik ernstig ziek werd en een aantal malen in het ziekenhuis terechtkwam. Ik had heftige pijn en moest diverse keren geopereerd worden. Het waren moeilijke tijden. Pim heeft niets van zich laten horen, geen telefoontje, geen bloemetje, geen vraag hoe het met me ging, niets. Soms, tussen ziekenhuizen en operaties door, belde hij op, maar hij deed dan alsof er niets aan de hand was.

Dat was pijnlijk. Het was zelfs dermate kwetsend dat ik de pijn heb weggestopt en zijn gedrag heb vergoelijkt. Maar ik vond het heel erg. Hij liet me in de steek.

Pas veel later heb ik het hem verteld. Het kostte hem erg veel moeite om het te begrijpen.

Vanaf die tijd waren er meer pijnlijke situaties. Meestal stapelden de problemen zich op en een enkele keer barstte de bom. Dat ging gepaard met veel emoties en tranen.

Pim was een zeer welvarend man. Ik moest met twee kinderen rondkomen van een minimuminkomen en had het financieel vaak moeilijk. Deze scheve situatie is kennelijk nooit tot hem doorgedrongen, want ik heb nooit enige financiële steun van hem ontvangen. Ik was te trots om er om te vragen.

De vakanties van Pim samen met zijn vrouw waren voor mij een pijnlijke steeds weer terugkerende aangelegenheid. Maar ik wilde onze kostbare tijd niet verpesten door te zeuren. Dat gebeurde dan ook zelden. Als het gebeurde, maakte hij het daarna goed met een mooi cadeautje, bloemen en een grap.

In die tijd heb ik een groot talent ontwikkeld om mezelf sterker voor te doen dan ik was. Ik wilde niet zeuren, niet klagen. Positief zijn en zelfstandig. Iemand die de situatie aankon. Ik had er immers zelf voor gekozen? Maar zo lag het niet. Ik kon de situatie helemaal niet aan. Pas jaren later heb ik dat voor mezelf toe durven geven. In feite ben ik al die jaren aan mezelf voorbijgegaan.

En Pim? Hij had bewondering voor mij. Hij vond mij een sterke, onafhankelijke vrouw. Dat streelde me. Hij was zelfs jaloers op mij, jaloers op mijn vrijheid. Toch kwam het nooit bij hem op om zijn eigen vrijheid te veroveren. Kennelijk wilde hij de zekerheid die hij had niet verliezen.

Gaandeweg begon de vrijblijvendheid me op te breken. Het was een zeer onbevredigende relatie geworden die onontkoombaar leek te zijn.

Eigenlijk verwachtte ik dat er iets zou gebeuren. Dat bij hem thuis de bom zou barsten. Ondanks het feit dat hij nooit iets over zijn vrouw vertelde, kreeg ik sterk de indruk dat de relatie tussen hem en zijn vrouw niet goed was. Dat ze als vreemden langs elkaar heen leefden.

Ach, in feite was hij een eenzame man. Dat trok me ook aan. Ik had de sterke behoefte om hem uit zijn eenzaamheid te verlossen. Bij mij was hij niet eenzaam. Misschien was het ook wel een gevoel van herkenning, twee eenzame mensen…

Mijn eigen moeder was in mijn jeugd vaak depressief en mijn vader dronk te veel en schonk zijn charmes aan de buitenwereld. Echte aandacht heb ik als kind niet gekregen.

Pims ouders waren gescheiden, zijn moeder was geen aardige vrouw. Hij had nauwelijks binding met haar. Ikzelf ben een gevoelsmatige, meegaande, weinig eisende en invoelende vrouw. Ik denk dat Pim dat niet kende en dat hij er grote behoefte aan had. Hij heeft het bij mij gezocht en gevonden. Hij was er dankbaar voor en dat ontroerde me.

Mijn kinderen, ze zijn inmiddels allebei volwassen, hebben de relatie nooit zien zitten. Mijn zoon vond Pim oneerlijk en mijn dochter heeft gezien hoe vaak ik ongelukkig was. Met een enkele vriendin sprak ik over mijn relatie. Bij de meeste mensen ontweek ik het onderwerp. Een relatie met een getrouwde man is niet iets om trots op te zijn. Ik was bang om veroordeeld te worden en zocht dan ook contact met lotgenoten.

Ik fantaseerde en hoopte dat onze geheime relatie uit zou komen. Toen ik na een aantal jaren begreep dat dit allemaal niet zou gebeuren, drong ik er op aan, eiste ik zelfs dat hij het zijn vrouw of zijn kinderen zou vertellen. Ik wilde uit de schaduw komen, ik wilde erkenning. Eigenlijk vond ik dat het een logisch gevolg was van de heftigheid, de intensiteit en de intimiteit van onze relatie. Bovendien, wanneer er iets met Pim zou gebeuren, zou niemand van mijn bestaan weten. Zijn antwoord was dat hij erover zou nadenken. Vervolgens gebeurde er niets.

In die periode ben ik zelfs op zoek gegaan naar iemand anders, ik probeerde het een en ander, maar het werd nooit iets serieus. Het lukte me niet om Pim duidelijk te maken hoe hij me kwetste door niet naar me te luisteren. Ik voelde me niet gezien, niet op waarde geschat. Toch ging ik met hem door. Al die tijd bleef er een grote fysieke aantrekkingskracht bestaan ten opzichte van elkaar. Deze sterke kracht is een belangrijke reden geweest voor het voortduren van onze relatie. Het was altijd goed. Bovendien had het fysieke een zeer sterke uitwerking. Door de intimiteit werd onze sterke emotionele band steeds opnieuw bevestigd. Dit voedde mijn hoop op de toekomst.

Deze moeizame periode heeft zeker tien jaar geduurd. Ik heb diverse wanhopige afscheidsbrieven geschreven die ik nooit verstuurde. Ik heb het één keer uitgemaakt. Maar wanneer hij belde, zwichtte ik weer. Er zijn ook wel periodes geweest dat ik hem niet meer wilde zien, maar langer dan een paar weken duurde het nooit. Hij deed dan erg zijn best om het weer goed te maken, was lief, zorgzaam en betrokken. Daarna werd alles uiteindelijk weer zoals vroeger...

Uiteindelijk heb ik vorig jaar, na een relatie van zeventien jaar, zelf de knoop doorgehakt. Want de ongelukkige gevoelens namen de overhand. Ik realiseerde me dat ik de hoop op verandering die ik jarenlang had gekoesterd, moest laten varen.

Er gebeurde een kleinigheid, maar er barstte iets bij mij. Het leek een opwelling, maar in feite ben ik er naartoe gegroeid. Voor het eerst van mijn leven heb ik hem thuis opgebeld, ik heb hem gezegd dat ik hem niet meer wilde zien. Ik voelde me krachtig, sterk en stellig.

Maar het viel me na verloop van tijd helemaal niet mee. Ik moest mezelf iedere dag voorhouden dat het goed was geweest om een punt achter deze relatie te zetten. Ik realiseerde me dat ik weg moest. Weg van hier. Wilde ik deze beslissing volhouden dan moest hij uit mijn leven verdwijnen. Ik ben naar Spanje gegaan en heb er zes maanden doorgebracht, in mijn eentje.

Ik heb het er heel fijn gehad. De afstand heeft me goed gedaan. De mensen, de vrolijkheid, de nieuwe ervaringen, het mooie land, de eenzaamheid. Ik heb veel tijd gehad om over mezelf na te denken.

Ik ben tot de conclusie gekomen dat ik mezelf jarenlang tekort heb gedaan. Ik heb mezelf in deze relatie weggecijferd. Een rode draad in mijn leven.

Ondanks alles heb ik geen spijt. Ik heb van hem gehouden en we hebben het ook fijn gehad samen. Mijn gevoelens voor hem waren heel oprecht. Het afscheidsproces was moeilijk maar onafwendbaar. Het heeft een paar jaar te lang geduurd, dat wel.'

Ontmoeten op het werk

Eleonora ontmoette Pim op het werk. Nu is vreemdgaan van alle tijden. Maar toch is het ook een generatiekwestie. In de generatie veertig- en vijftigplussers gaan meer mannen vreemd dan vrouwen. Bij jongere generaties zijn de man en vrouw gelijkwaardiger. Dat komt mede door de emancipatie. Vrouwen ontmoeten nu simpelweg makkelijker een man, op de werkvloer. Bovendien zijn vrouwen niet meer financieel afhankelijk van hun echtgenoot. Een getrouwde vrouw wier man de kostwinner was, hield het vroeger wel uit haar hoofd om vreemd te gaan…

Evaluatie

Wanneer een buitenechtelijke relatie over is, spelen bij de meeste minnaressen verschillende gevoelens door elkaar heen. De minnares is boos, verdrietig en teleurgesteld. Want pas als de relatie voorbij is, kan zij onder ogen komen dat naast alle mooie kanten de man heeft gelogen en niet voor haar heeft gekozen, ondanks het feit dat hij veel voor haar betekende en zij voor hem. Er zal een gevoel van opluchting en bevrijding ontstaan; nooit meer liegen, nooit meer last van zijn vrouw of zijn kinderen en eindelijk een einde aan de spanning of hij voor haar zal kiezen. De meeste ex-minnaressen kijken net als Eleonora liefdevol op de relatie terug; ze hadden de liefde en de spanning van de relatie niet willen missen. Ondanks alle gebreken.

Tot slot

Bekende vreemdgangers

Roddelbladen speculeren niet zomaar graag over vermeende minnaars en minnaressen. Het is altijd groot en sappig nieuws als een publiek figuur een minnaar/minnares heeft. Soms zitten er meer consequenties aan dan 'alleen' een sociaal-emotionele. Zo hing het presidentschap van Bill Clinton bijvoorbeeld aan een zijden draadje toen zijn affaire met Monica Lewinsky bekend werd.

In sommige onderstaande gevallen snoepten miljoenen mensen (naderhand) mee van de buitenrelationele stappen van de beroemde 'dader'.

Keizerin Catharina de Grote & Grigori Potjomkin
Auguste Rodin & Camille Claudel
Simon Carmiggelt & Renate Rubinstein
Prins Charles & Camilla Parker Bowles
Bill Clinton & Monica Lewinsky
François Mitterrand & Anne Pingeot
Prins Bernhard & diverse minnaressen
Dick van Duijn & Annie M. G. Schmidt
Gerrit Rietveld & Truus Schröder
Elisabeth Taylor & Richard Burton

Multatuli & Mimi Hamminck Schepel
Willem Elschot & Liane Bruylants
Alberto Moravia & Rosita Steenbeek

Over minnaars, vreemdgaan en ontrouw

Boeken: non-fictie

Carolien Roodvoets, *De Duivelsdriehoek. Over de gevaren en verleidingen van het vreemdgaan*, uitgeverij Aramith

Sarah Rayner, *De andere vrouw*, uitgeverij Archipel

Tineke Beishuizen/Annette Heffels, *De indringster. Over vrouwen die je man willen inpikken*, uitgeverij Het Spectrum

Victoria Griffin, *De minnares. Geschiedenis, mythes en waarheid over de andere vrouw,* uitgeverij De Bezige Bij

Iteke Weeda, *Eigentijdse liefde*, uitgeverij Anthos

Maureen Luyens en Alfons Vansteenwegen, *Ondanks de liefde. Hoe overleef je een liefdesaffaire?*, uitgeverij Terra Lannoo

Pamela Druckerman, *Over de grens. De internationale verleiding van het vreemdgaan*, uitgeverij Bruna

Helen Fisher, *Over de liefde. De evolutie van monogamie, overspel en scheiding*, uitgeverij Pandora

Marjo van Soest, *Over de regels van het spel*, uitgeverij Nijgh & Van Ditmar

Shirley P. Glass, *Not "just friends"*, Free press

Eleanor Herman, *Seks met de koningin. Koningen en hun minnaars aan de Europese vorstenhuizen*, uitgeverij Manteau

Catrien Notermans, *Verhalen in veelvoud, Vrouwen in Kameroen over polygynie en christendom*, uitgeverij Valkhof pers

Boeken: literatuur

Barbara Voors, *De aardbeibeet*, uitgeverij De Geus

Joost Zwagerman, *De Buitenvrouw*, uitgeverij Arbeiderspers

Sebastian Faulks, *De tijd van haar leven*, Archipel
Lionel Shriver, *De wereld na zijn verjaardag*, uitgeverij Contact
Emily Giffin, *Doortrapt*, Uitgeverij The house of books
Elizabeth Barille, *Een modelpaar*, Uitgeverij Thoth
Heleen van Royen, *Godin van de jacht*, uitgeverij Vassallucci
Désanne van Brederode, *Hart in Hart*, Uitgeverij Querido
Nicci Gerrard, *Het voorbijgaan*, Uitgeverij De Boekerij B.V.
Kluun, *Komt een vrouw bij de dokter*, uitgeverij Podium B.V.
Saskia Noort, *Nieuwe buren*, Uitgeverij Anthos
Richard B. Wright, *Overspel*, uitgeverij De Geus
Esther Verhoef, *Rendez vous*, Uitgeverij Anthos
Benoîte Groult, *Uit liefde voor het leven*, Uitgeverij Arena
Dorinde van Oort, *Vrouw in de schaduw*, Uitgeverij Cossee
David Baddiel, *Wat liefde ook maar betekent*, Uitgeverij Prometheus
Benoîte Groult, *Zout op mijn huid*, Uitgeverij Arena
Hella S. Haasse, *Sleuteloog*, Uitgeverij Querido
Renate Rubinstein, *Mijn beter ik*, Uitgeverij Meulenhoff

Cd

Martha Wainwright, *I know you are married, but I've got feelings too* (V2)

Films

Married life, regie Ira Sachs, met o.a. Pierce Brosnan
Ontrouw, regie Louis Chrispijn jr., zwart-wit, stomme film uit 1911
Unfaithful, regie Adrian Lyne, met o.a. Richard Gere
Flirt, regie Jaap van Eyck, met o.a. Rifka Lodeizen
Closer, regie Mike Nichols, met o.a. Julia Roberts
Matchpoint, regie Woody Allen, met o.a. Scarlett Johansson

Websites

www.polyamorie.nl

www.vreemdgaan.nl

www.dcpartner.nl

Bronnen

1. Carolien Roodvoets, *De Duivelsdriehoek. Over de gevaren en de verleidingen van het vreemdgaan*, uitgeverij Aramith
2. Lydia van der Weide, *Relatie met een getrouwde man*, One; Astrid Smit, *Kan ik er wat aan doen?*, Intermediair
3. Zie 1.
4. Zie 1.
5. Astrid Smit, *Kan ik er wat aan doen?*, Intermediair
6. O.a. uit *De Duivelsdriehoek* en *Portrait of the Family in Europe*, European Population Conference, 2005. Demographic Challenges for Social Cohesion, Straatsburg
7. Zie 1.